Ingrid Trobisch · Allein leben lernen

Ingrid Trobisch

Allein leben lernen

R. BROCKHAUS VERLAG WUPPERTAL

ABCteam

ABCteam-Bücher erscheinen in folgenden Verlagen:
Aussaat- und Schriftenmissions-Verlag Neukirchen-Vluyn
R. Brockhaus Verlag Wuppertal / Brunnen Verlag Gießen
Bundes-Verlag Witten / Christliches Verlagshaus Stuttgart
Oncken Verlag Wuppertal und Kassel

© 1985 der deutschen Ausgabe
R. Brockhaus Verlag Wuppertal
Umschlaggestaltung: Carsten Buschke, Leichlingen 2
Umschlagfoto: Photofile – ZEFA, Düsseldorf
Gesamtherstellung: Breklumer Druckerei Manfred Siegel KG
ISBN 3-417-12359-3

VORWORT

Ich habe dieses Buch für Witwen und Witwer geschrieben, aber auch für Leute, die niemals geheiratet haben und für diejenigen, die nach einer Scheidung wieder alleine leben müssen. Viele unserer gemeinsamen Freunde und Bekannten werden sich gefragt haben, was wohl nach Walters Tod aus mir werden würde. Auf den folgenden Seiten erzähle ich die Geschichte meiner persönlichen Wallfahrt, zu der ich nach 27 Jahren Ehe aufgebrochen bin, um wieder alleine leben zu lernen.

Ich möchte meine Erfahrungen auch mit denen teilen, denen diese Erfahrung noch bevorsteht. Es ist eine erwiesene Tatsache, daß Frauen meist länger leben als ihre Männer und Witwen sein werden.

Das Buch ist aber genauso an Männer gerichtet wie an Frauen. Männern fällt es in der Regel sogar schwerer, mit dem Alleinsein fertigzuwerden. Und oft genug lassen sie sich deshalb auf eine neue Partnerschaft ein, noch bevor die Wunden verheilt sind.

Viele meiner Aussagen werden aus meinem Tagebuch stammen – von den sehr subjektiven frühesten Stadien der Trauer bis zum »Erwachsen werden« und dem Punkt, an dem ich begann, mein Leben so zu betrachten wie es ist: ein Leben ohne Partner. Beides, die

Trauer und der Heilungsprozeß brauchen ihre Zeit. Es gibt keine Abkürzung. Das Eingestehen der eigenen Fehler, der Umgang mit Schuld und Gewissensbissen, die Erfahrung von Vergebung und jene Erfahrung, daß auch schmerzhafte Erinnerungen heilen können, das alles geschieht nicht über Nacht. Ich werde auch davon berichten, was sich innerhalb der Familie abspielte, in der ein jeder auf eine andere Weise die Trauer durchlebte. Mit alledem möchte ich Walter Trobisch so darstellen, wie er als Ehemann und Vater war. Mir und meinen Kindern liegt nichts daran, ihm einen Gedenkstein zu setzen oder ihn auf ein Podest zu heben. Ich bin mir sicher, daß er den letzten Satz, den Luther vor seinem Tod auf einen Zettel schrieb, von ganzem Herzen teilte: »Wir sind Bettler, das ist wahr.« Je länger wir leben, desto mehr begreifen wir diese Wahrheit.

Drei Wochen nach seinem Tod sagte mir mein Seelsorger: »Machen Sie aus seinem Büro oder seinem Heim keinen Heiligenschrein.« Wir konnten es ohnehin nicht. Wir hatten nur ein kleines Haus in den österreichischen Bergen, und das mußte erst einmal neu eingerichtet werden, um den Ansprüchen der Lebenden zu genügen. Und allmählich kehrte Heiterkeit wieder ein wie zu der Zeit, als Walter noch bei uns war.

Ich kann die Geheimnisse des Todes nicht erklären. Ich kann nur an meinen eigenen Erfahrungen Anteil nehmen lassen und an dem, was mir meine Kinder und Freunde vermittelt haben. »Es herrscht große Freude im Himmel unter den Heiligen über jeden Sünder, der sich bekehrt« lesen wir, und: »Wir sind umgeben von einer großen Wolke der Zeugen.« Ich denke dabei an jene spe-

zielle Gruppe von Menschen, die mich auf Erden gesegnet und ermutigt haben, und die jetzt in ihrem himmlischen Zuhause sind. »Die Gebete der Heiligen«, »die
Gemeinschaft der Heiligen«, Worte wie diese haben für
mich eine neue Bedeutung gewonnen. Mein Seelsorger
sagte mir: »Körperlich bist du von Walter getrennt, aber
geistlich stehst du ihm näher als je zuvor.«

Was ist mein abschließender Wunsch für dieses
Buch? Daß es hilfreich sein möge, wenn ich mein Herz
ausschütte. Ich möchte mich nicht wichtig machen,
nicht die Aufmerksamkeit auf meine Person lenken.
Aber ich habe gelernt, daß nur, was vom Herzen
kommt, auch Herzen erreicht. Möge dieses Buch in diesem Sinne ein Herzensbuch sein.

INHALT

Vorwort 5

1. Kapitel: Wieder zu Hause 13
2. Kapitel: Der tiefe Schmerz 25
3. Kapitel: Ein Schritt nach dem anderen 33
4. Kapitel: Das Vermächtnis seiner Liebe 43
5. Kapitel: Loslassen 51
6. Kapitel: Alleine weitergehen 59
7. Kapitel: Die Stadien der Trauer 69
8. Kapitel: Eine Verheißung der Freude 83
9. Kapitel: Noch einmal heiraten? 95
10. Kapitel: Haus der Geborgenheit 107

Nachwort 117

Vater wird für mich immer als Reisender in Erinnerung bleiben. Es war für mich, besonders als ich klein war, eines der schwersten Opfer, ihn mit meiner Mutter einfach wegfahren zu lassen. Doch in dem Augenblick, da wir wieder beisammen sein konnten, war es, als ob all das Warten, das Bangen und das Gefühl des Verlassenseins wie weggewischt waren. Ich kann mich gut erinnern, wie er mich einmal fragte, was mich denn glücklich macht. Ich sagte: »Das Wieder-nach-Hause-kommen.« Er erwiderte: »Wie kann man nach Hause kommen, wenn man nicht fortfährt?«

Stephen Trobisch
1. Semester, Universität Wien

1. Kapitel

Wieder zu Hause

Bevor wir zu unserer letzten gemeinsamen Reise aufbrachen, fragte ich Walter:

»Worauf freust du dich am meisten?«

»Auf den Tag, an dem ich wieder zuhause bin«, antwortete er.

Am 1. Oktober kamen wir wieder zurück. Drei Monate entsagungsvoller Arbeit in Neuguinea, Indonesien, Australien und den Vereinigten Staaten lagen hinter uns. Ruth, unsere jüngste Tochter, bat ihren Vater, eine Bergwanderung mit ihr zu machen. Er stimmte gerne zu. Der frühe Frosteinbruch hatte die Laubwälder in einen zauberhaften Farbenreigen verwandelt, und die Gebirgsluft war kühl und frisch. Ruth erzählte mir später, wie sehr sie sich darüber gewundert hatte, daß Walter ganz im Gegensatz zu sonst nicht mit ihr Schritt halten konnte. Oft mußte er sich eine Weile ausruhen, um wieder zu Atem zu kommen.

Während Vater und Tochter wanderten, hatte ich Gelegenheit, einige der Berge vor meinem geistigen Auge vorbeiziehen zu lassen, die Walter und ich in den letzten dreißig Jahren gemeinsam erklommen hatten.

Zum ersten Mal begegnet sind wir uns 1949 in den Vereinigten Staaten. Walter hatte gerade sein Theologiestudium in Heidelberg abgeschlossen und kam als Stipendiat an das College, in dem ich studierte. Er wollte das amerikanische Gemeindeleben kennenlernen.

Er nahm auch an der Aussendungsfeier teil, die die Missionsgesellschaft durchführte, als ich zum ersten Mal als Missionarin nach Kamerun ausgesandt wurde. Jahre später erzählte er mir, daß ihm während dieses Gottesdienstes die seltsame Gewißheit überkam, daß die junge Frau, die da vor dem Altar kniete und gesegnet wurde, eines Tages seine Frau sein würde. Aber er verwarf den Gedanken gleich wieder.

Unsere Pläne waren zu verschieden. Ich war gerade dabei, nach Afrika aufzubrechen, und Walter wollte nichts sehnlicher, als Jugendpfarrer in seiner Heimatkirche in Sachsen werden.

Wir wechselten nur ein paar unbedeutende Sätze und tauschten unsere Adressen aus.

Wirklich kennengelernt haben wir uns erst ein Jahr später. Ich war damals noch damit beschäftigt, meine Ausbildung als Französischlehrerin in Paris zu beenden, und Walter war Vikar in Ludwigshafen. Er lud mich ein, vor seinem Jugendkreis über Mission zu sprechen.

Wenige Tage später saß ich auf dem Rücksitz eines schweren deutschen Motorrades, und Schneeregen peitschte mir ins Gesicht. Wir waren unterwegs von Ludwigshafen nach Annweiler in der Pfalz, wo sein Freund, Pfarrer Fuchs, mehrere Gemeindeabende hielt.

Es gab nur zwei Kirchen am Ort, und die evangelische Kirche war im Krieg zerstört worden. So versammelte sich die ganze Gemeinde zu dieser Woche der Volksmission in der katholischen Kirche und hörte gebannt auf das, was Pfarrer Fuchs und sein Team zu sagen hatten. Walter gehörte zu diesem Team. Ich kann ihn immer noch dort stehen sehen in seiner grauen Motorradjacke, die er wegen der Kälte in der unbeheizten Kirche angelassen hatte. Selbstsicher stand er vor seinen Zuhörern, die bei seinen Späßen lachten und ihm gebannt zuhörten.

Ich verstand nur wenig von dem, was Walter sagte, mein Deutsch war noch nicht gut genug. Aber ich verstand etwas anderes. Eine innere Stimme sprach zu mir: »Dieser Mann wird dein Ehemann sein.« Ungläubig holte ich tief Luft. Walter war nicht besonders groß. Seine schelmischen blauen Augen ließen ihn zwar sympathisch und umgänglich erscheinen, aber er sah doch ganz anders aus als der Mann meiner Träume.

Jahre vorher, noch bevor ich zehn Jahre alt war, nahm mich mein Vater einmal auf den Schoß und erklärte mir, daß ich nicht zu jung sei, um für den zu beten, der einmal mein Ehemann sein würde. Ich hatte seinen Rat befolgt.

Und nun war ich 24 Jahre alt und glaubte, den Mann gefunden zu haben, den Gott für mich ausgesucht hatte.

Ich machte die ganze Nacht kein Auge zu, so überwältigt war ich, sagte aber nichts und bewegte, wie Maria, all diese Dinge in meinem Herzen.

Zwei Jahre später waren wir verlobt. Ich unterrichtete an einer kleinen Missionsschule in Kamerun, und Walter war noch in Ludwigshafen tätig. Kontinente trennten uns. In einem Brief schrieb er mir: »Ingrid, laß uns lieben, als gäbe es keine Arbeit, und laß uns arbeiten, als gäbe es keine Liebe.«

Zwei Sachen standen für mich damals außer Zweifel: Einmal, daß ich ein Kind Gottes war, und zum anderen, daß mich Gott dazu berufen hatte, Walter Trobischs Frau zu werden.

Am 2. Juni 1952 traute uns Pfarrer Fuchs in der Christuskirche in Mannheim. Unser Trauspruch lautet: »Ihr werdet mit Freuden Wasser schöpfen aus den Brunnen des Heils« (Jes. 12).Wir haben ihn in unsere Ringe eingravieren lassen.

Genau an unserem ersten Hochzeitstag legte unser Schiff nach 14-tägiger Reise in Douala, der größten Hafenstadt Kameruns, an. Von dort fuhren wir auf unserem treuen Motorrad, das uns schon von Paris nach Bordeaux gebracht hatte, über 1800 Kilometer landeinwärts. Wir hatten die Aufgabe, in Tchollire, einem Dorf im Gebiet des Königs Rey Bouba in Nordkamerun, eine Missionsstation aufzubauen.

Dort angekommen, stellten wir fest, daß von der Lehmhütte, die unser erstes gemeinsames Zuhause sein sollte, noch nicht einmal die Mauern fertiggestellt waren. Wir waren keine Helden und wollten umkehren. Doch der Benouefluß, über den es keine Brücke gab, war über die Ufer getreten und versperrte uns den Rückweg.

An unserem dritten Hochzeitstag wußten wir, daß wir schwanger waren. Und wenige Monate später feierten wir zusammen mit unseren afrikanischen Freunden Katrines Geburt.

Nach unserem ersten Heimaturlaub und der Ankunft unseres ältesten Sohnes Daniel bat man uns, im Cameroun Christian College in Libamba, im Süden des Landes, einen Dienst zu übernehmen. Wir verbrachten sechs Jahre dort. Unsere Kollegen nannten den Ort das »grüne Gefängnis«, weil er von allen Seiten vom dichten und undurchdringlichen Urwald eingeschlossen war. Ich erinnere mich gerne an diese Jahre zurück, in denen ich in den Aufgaben einer Mutter und Ehefrau völlig aufging. Wir bekamen zwei weitere Söhne, David und Stephen, und als krönende Antwort auf unsere Gebete unsere Tochter Ruth.

Zusätzlich zu den zwanzig Stunden Deutsch, die Walter in Französisch unterrichtete, kamen noch seine Verpflichtungen als Schulpfarrer.

Auch er fand Erfüllung in dieser Arbeit, weil er sehen konnte, was für feine afrikanische Studenten daraus hervorgingen. Viele dieser jungen Leute würden eines Tages die Verantwortlichen in Kamerun sein, einem Land, das sich damals gerade mit all den Problemen konfrontiert sah, die die frisch erworbene Unabhängigkeit mit sich brachte.

Während dieser Jahre im »grünen Gefängnis«, führte Walter für die ältesten Studenten »Eheunterricht« ein. Ein Ergebnis dieser Arbeit war sein erstes Buch »*Ich liebte ein Mädchen*«, das die Korrespondenz zwischen ihm und einem seiner ehemaligen Studenten enthielt. Es behandelt viele der Fragen über Ehe und Partnerschaft, die die Schüler immer wieder an Walter stellten. Und es dauerte nicht lange, bis uns eine Flut von Leserbriefen erreichte, die alle dasselbe sagten: »Sie haben in

Ihrem Buch auf die Fragen von Francois geantwortet. Bitte antworten Sie auch auf meine.«

1963 verließen wir Libamba und fanden nach zwei unruhigen Jahren, die uns nach Westdeutschland und den Vereinigten Staaten führten, am Lichtenberg in Oberösterreich ein neues Zuhause. Der Lichtenberg liegt im Alpenvorland, etwa eine Autostunde von Salzburg entfernt, und besteht nur aus vier abgeschiedenen Bergbauernhöfen. Das Leben in dieser friedlichen Berglandschaft ermöglichte es uns, unsere fünf Kinder in einer ungezwungenen und natürlichen Weise aufwachsen zu lassen, wie es uns in einer Stadt niemals möglich gewesen wäre.

Aber das hieß auch, daß die Kinder jeden Tag und bei jedem Wetter vier Kilometer durch den Wald in die Volksschule und wieder zurück gehen mußten, weil es keine Straße gab.

Für Walter war Lichtenberg der Platz, an dem er in Frieden arbeiten und schreiben konnte. In kürzester Zeit war »*Ich liebte ein Mädchen*« in eine Fülle afrikanischer und europäischer Sprachen übersetzt worden. Einladungen aus Afrika und Asien folgten. Um unsere Aufgaben besser erfüllen zu können, brauchten wir mehr Literatur. Also schrieben wir weiter. Wir bauten einen Trägerkreis auf und zogen ein verantwortliches Gremium in die Entscheidungen mit ein. Mitarbeiter wurden ausgebildet. Dem neuen, kleinen Baum, der seine Äste in alle Teile der Welt auszustrecken begann, gaben wir den Namen *Family life Mission*. Mit Bewunderung und Ehrfurcht beobachteten wir, wie Gott in unserer Mitte arbeitete.

Das waren nur einige der »Berge«, die Walter und ich gemeinsam bewältigt hatten. Ich erinnerte mich an den Spaziergang, den wir wenige Tage vorher auf dem Gaisberg bei Salzburg gemacht hatten. Staunend waren wir vor einer Linde stehen geblieben, deren vollkommene Form und Farbenpracht uns an einen Psalmvers erinnerten: »Der Gerechte ist wie ein Baum, gepflanzt an den Wasserbächen, der seine Frucht bringt zu seiner Zeit, und seine Blätter verwelken nicht« (Ps. 1,3). Wir ließen diesen Vers während unserer Stillen Zeit auf uns wirken, und Walter las mir dann seine Gedanken vor:

»EIN BAUM RUHT, STEHT,
TRINKT, TRÄGT,
PFLANZT SICH FORT.
SPENDET GEBORGENHEIT,
WARTET AUF DIE ZEIT.«

Als wir anschließend von Salzburg zum Lichtenberg fuhren, legten wir am Mondsee eine Kaffeepause ein. Es war so selten, daß uns keine dringenden Verpflichtungen bevorstanden. Ein ganzes Wochenende lag vor uns, an dem wir Zeit nur für uns zu haben schienen und an dem wir mit einmonatiger Verspätung Ruths 18. Geburtstag nachfeiern wollten. Gemütlich fuhren wir den Lichtenberg hinauf, und hinter der letzten Kurve erwartete uns die »Aussicht für Millionäre«, wie wir sie nannten. Im Vordergrund lagen die vier Bauernhöfe mit unserem kleinen Häuschen, von Feldern umgeben. Dahinter erstreckte sich der Wald bis ins weite Tal hinunter, das ein Gletscher vor Millionen von Jahren geschürft hatte. In einiger Entfernung strahlte das tiefe Blau des Attersees, und dahinter ragten die schroffen Felsmauern der Alpen in den Himmel. Wir kamen wieder nach Hause, an einen der schönsten Orte in Gottes Schöpfung.

Den nächsten Tag ruhten wir uns aus. Während ich Ruths Geburtstagskuchen backte, nahm Walter ein Sonnenbad auf unserer kleinen Terrasse. »Ich höre dich so gerne in der Küche herumrumoren«, rief er mir zu. Drei Mal sind wir an diesem Tag spazieren gegangen, so als ob wir versuchen wollten, all das nachzuholen, was uns in den vergangenen Wochen entgangen war. Als die Schatten am Spätnachmittag länger wurden, saßen wir auf unserer Lieblingsbank. Die klare Oktoberluft ließ die Berge zum Greifen nahe erscheinen.

»Ich habe Heimweh!« sagte er. »Wonach weiß ich nicht. Du bist bei mir. Ich bin zu Hause – an dem Ort, der mir in aller Welt am liebsten ist. Aber ich habe Heimweh.«

Ich fuhr noch einmal in den nahegelegenen Ort St. Georgen, um einzukaufen, und als ich zurückkam, hatte Walter schon viele der Briefe, die sich auf unseren Schreibtischen stapelten, beantwortet und postfertig gemacht. Beim Abendessen – wir hatten Joghurt mit Himbeeren aus unserem eigenen Garten – sagte er mit einen Seufzer: »Ich glaube nicht, daß ich jeden Brief, den ich von jetzt an bekomme, beantworten kann. Ich werde nur noch für die jungen Leute Zeit haben, die mit Gott klar kommen wollen und Vergebung suchen. Wenn die anderen oder ihre Eltern mein Buch *Leben mit unerfüllten Wünschen* lesen, finden sie dort meine Antworten.«

Während ich die kleinen Geschenke für Ruths Geburtstagsfeier am folgenden Tag einpacke, liest mir Walter aus einem neuen Buch vor, das uns einer unserer Verleger zugeschickt hat: *Parents in Pain* von John White. Es brachte wieder einiges an Schmerz herauf, den wir als Eltern erfahren hatten. »Und doch«, sagte Walter zu mir, »mein Herz ist voll tiefer Dankbarkeit, wenn ich an jedes unserer Kinder denke. Morgen werde ich jedem Kind einen Brief schreiben.«

Noch vor meiner Geburt schrieb mir Vater folgende Zeilen in mein Tagebuch:

»Nur die Fremde scheint uns faßlich. Die Heimat aber bleibt geheim. Je mehr sie uns berührt, um so geheimnisvoller wird sie. Die Fremde ist uns Heimat, und die Heimat ist uns Fremde.

Bote aus der Heimat an uns – du kommst in die Fremde. Warum? Mögest du Bote werden, Bote sein, Heimat in die Fremde bringen: Mögest du dich nicht in der Fremde verlieren, sondern den Weg in die Heimat zurückfinden am Freudentag des Heimgangs.

Welcher Tag ist größer, der der Geburt oder der des Todes? Warum müssen beide Tage sein?

Wir wissen es nicht.

Licht ist nur an einer Stelle. An jenem einzigen Punkt, an dem Gott denselben Weg ging, den du heute gehst.

Wir sind nie allein.«

David Trobisch
Theologiestudent, Universität Heidelberg

2. Kapitel

Der tiefe Schmerz

»Es ist alles in Ordnung!« war der erste Gedanke, der mir kam, als ich am nächsten Morgen in unserem vertrauten Ehebett aufwachte. Wir sind zu Hause.

Es überraschte mich auch nicht, daß der Platz neben mir im Bett leer war. Ich war es gewohnt, daß Walter früh aufstand. Er ging dann in sein Arbeitszimmer und schrieb bis zum gemeinsamen Frühstück. Walter hatte es sich zur Gewohnheit gemacht, mir eine Tasse Tee ans Bett zu bringen, wenn es Zeit zum Aufstehen war. Das gab uns Gelegenheit, ein paar wertvolle Minuten gemeinsam zu verbringen, noch bevor der Tag seine Anforderungen an uns stellte. Wir lasen dann gewöhnlich das Losungswort zusammen, beteten und besprachen unsere Pläne.

An diesem Samstag, den 13. Oktober 1979, genoß ich die vertrauten Geräusche ganz besonders. Walter war im Wohnzimmer und machte seine Gymnastikübungen. Das regelmäßige Klopfen seiner Füße ließ den Fußboden leicht schwingen. Er hatte jetzt sein Idealgewicht erreicht, und bei der letzten ärztlichen Untersuchung war sein Cholesterinspiegel völlig normal. Mit 55 Jahren war er in einer ausgezeichneten körperlichen Verfassung. Er hatte nie geraucht (außer wenn jemand behauptete, daß Rauchen Sünde sei, dann tat er es erst recht, um seine Freiheit als Christ zu bezeugen) und trank nur ab und zu ein Glas Wein.

Er öffnete die Schlafzimmertür einen Spalt und steckte seinen Kopf herein.

»Guten Morgen, Liebes«, sagte er, als er merkte, daß ich wach war. »Ich dusche mich nur noch schnell und bringe dann unseren Tee.«

Ich war rundum glücklich. Mein Radiowecker schaltete sich ein, und sanfte, klassische Musik ertönte aus dem kleinen Lautsprecher. Heute würde Ruth aus Salzburg kommen mit Daniel und Betty, Daniels Verlobter. Es sollte ein geruhsamer Tag mit der Familie werden, und ich freute mich schon darauf.

Walter kam mit dem Teetablett. Er hatte seinen roten Morgenmantel an und war frisch rasiert. Den Tee stellte er auf meinem Nachtkästchen ab. Dann zog er die Vorhänge auf und ließ das Sonnenlicht herein.

Erst jetzt spürte ich, daß etwas mit ihm nicht stimmte.

»Ingrid«, sagte er sachlich, »mein Körper möchte mir etwas sagen. Ich verstehe es nicht.«

Er legte sich hin und schob sich ein Kissen unter den Nacken, während ich ihm eine Tasse Tee eingoß. Ich reichte ihm die Tasse, er hielt sie einen Moment fest, doch dann begann sie zu kippen. Ich rief seinen Namen, aber er antwortete nicht. Er rang nach Luft. Mit einem Satz war ich an seiner Seite.

»Walter!« rief ich immer wieder und schüttelte ihn. Er hörte mich nicht. Ich versuchte Mund zu Mund Beatmung, doch Walter reagierte nicht mehr.

Dann verständigte ich unseren Hausarzt, der in wenigen Minuten zur Stelle war.

»Es ist zu spät«, sagte er. »Die Herzwand ist gebrochen.«

Das kann nicht wahr sein, ging es mir durch den Kopf. Walter hat doch eben noch mit mir gesprochen! Der Tee, den er mir gemacht hat, ist noch heiß. Wie kann der Mann, mit dem ich seit 27 Jahren verheiratet bin, von einer Sekunde auf die andere nicht mehr da sein?

Ich konnte das Geschehene nicht fassen. Die Nachbarn kamen und weinten mit mir. Der Gemeindepfarrer wurde verständigt. Ich rief meine Kinder an: Stephen in Wien, David in Heidelberg, und Katrine in Richmond, Virginia. Ruth war noch in der Schule, ihr mußte der Schulleiter die traurige Nachricht überbringen. Auch Daniel konnte ich nicht erreichen.

Ich verspürte keinen Schmerz, der Schock hatte mich betäubt. Matthias und Karl, meine Nachbarn halfen mir, Walter anzuziehen, solange sein Körper noch warm war. Ich holte seinen besten Anzug, den »Finnlandanzug«, wie er ihn nannte, weil er ihn für eine Reise nach Finnland gekauft hatte. Am Tag vorher hatte ich zufällig sein schönstes weißes Hemd in einer Schublade entdeckt. »Tu es in meinen kleinen, schwarzen Koffer«, hatte er mich gebeten, »dann liegt es schon für meine nächste Reise bereit.« Wir suchten seine silberne Krawatte heraus, die, die er nur bei besonders festlichen Anläßen anhatte.

Unser österreichischer Gemeindepfarrer kam. Auch alle unsere Nachbarn waren da. Wir beteten zusammen. Danach bat ich sie, mich mit meinem Mann alleine zu lassen. Ich verlor das Gefühl für Zeit. Matthias fuhr nach St. Georgen, um einen einfachen Fichtensarg auszusuchen. Seine Frau Erni bereitete in der Küche für meine Kinder etwas zu essen vor. Und während ich so neben Walters Bett kniete, sah ich, wie sich sein Gesichtsausdruck noch einmal veränderte. Er sah so friedlich aus – ja, ein heimliches Lächeln lag auf seinem Gesicht.

Die Losung jenes Tages, des 13. Oktobers 1979, lautete: »Es begegnen einander Güte und Treue« (Ps. 85,11) und aus Römer 12,12: »Seid fröhlich in Hoffnung, geduldig in Trübsal, haltet an am Gebet.«

In diesem Moment konnte ich keines von beidem verstehen. Aber ich dachte an das, was mir Walter vor zwei Tagen gesagt hatte. Ich hatte von einem Vorfall erfahren, der mich sehr traurig machte, und hatte Walter von meinen Gefühlen erzählt. Er hörte geduldig zu, und während ich meinen Kopf in seinen Schoß legte, strich er mir zärtlich über das Haar und sagte: »Ingrid, just let the deep pain hurt.« (Laß den tiefen Schmerz zu.)

Ich kniete immer noch an Walters Seite, als ich ein Auto kommen hörte. Die Haustür wurde geöffnet und jemand kam herein. Es war unser dritter Sohn, Stephen. Er hatte vor zwei Wochen begonnen, an der Universität Wien zu studieren. Ein Freund hatte ihn hergefahren. Stephen und ich umarmten uns wortlos, und dann brach er in Schluchzen aus, ging in unser Schlafzimmer und weinte laut über seinen Vater.

Ich setzte heißes Wasser auf und goß die Teeblätter, die Walter am Morgen verwendet hatte, noch einmal auf und gab Stephen davon zu trinken. Kurz darauf kam Daniel an mit unserer jüngsten Tochter, Ruth, deren 18. Geburtstag wir an jenem Tag feiern wollten. Ihr Schmerz konnte nicht in Worte gefaßt werden. Ich gab ihnen von dem lauwarmen Tee und ging dann mit Stephen und Ruth spazieren. Wir gingen den gleichen Feldweg hinunter, den Walter und ich am Tag vorher zusammen gegangen waren. Ich legte meine Arme um sie, als wir auf der Bank saßen, und erzählte ihnen von meinen letzten Stunden mit ihrem Vater.

Erst am späten Nachmittag traf David mit seiner Verlobten aus Heidelberg ein. Wir standen alle um Walters Bett herum. Daniel las ein Gebet aus dem Gesangbuch vor, und dann sangen wir gemeinsam: »Jesus geh voran«. Wir schlossen mit unserem Familienvers: »Gott sei uns gnädig und segne uns. Er lasse sein Angesicht leuchten über uns, daß man auf Erden erkenne seinen Weg, unter allen Völkern sein Heil« (Ps. 67,2.3).

Und dann kamen die Nachbarn und trugen seinen Körper fort, und Walter trat seine letzte Reise auf dieser Welt an. Er mußte Abschied nehmen von dem Zuhause, das er so sehr geliebt hatte.

Fünf Tage später wurde er in dem kleinen Atterseer Friedhof neben seiner Mutter beigesetzt, im Schatten der Kirche, in der er während unserer 15 Jahre in Österreich oft gepredigt hatte. Er hatte selbst das Wort ausgesucht, das auf seinem Grabstein steht: »Da es Morgen war, stand Jesus am Ufer« (Joh. 21,4).

Für ihn war es das Ende seiner Wanderschaft auf dieser Welt. Für mich war es der Anfang meiner einsamen Reise als Witwe.

Zu meinem 18. Geburtstag am 12. September schrieb mir Vater: »Unruhe und Spannung wird über Deinem 18. Geburtstag stehen, und die Losung Jakobus 2,13 mit ihrem drängenden Inhalt wird auch nicht gerade zur Entspannung beitragen. (›Es wird nämlich ein unbarmherziges Gericht über den ergehen, der keine Barmherzigkeit geübt hat; Barmherzigkeit aber triumphiert über das Gericht.‹) Und doch darf das Wort ›Barmherzigkeit‹ alles überstrahlen. Es heißt eigentlich ›mit dem Herzen tragen‹. Das ist schon fast ein Lebensprogramm für Deine Volljährigkeit. Ich weiß noch nicht, wie Deine Zukunft aussehen wird. Doch darin liegt wohl das Geheimnis jeden Lebens, daß sich einer vom Herzen Gottes tragen läßt und daraus Kraft gewinnt, auch andere auf seinem Herzen zu tragen.«

Unruhe und Spannung bestimmten wirklich die letzten Tage, aber wir durften auch immer wieder die Barmherzigkeit Gottes erfahren. Meine Zukunft möchte ich unter die Worte stellen, die mir Vater noch zum neuen Jahr in das Losungsbüchlein geschrieben hat: »Gott zeigt uns immer nur den nächsten Schritt.«

Ruth Trobisch
Kurz vor dem Abitur

3. Kapitel

Ein Schritt nach dem anderen

22. Oktober 1979 – Heute habe ich einen schweren Tag hinter mir. Ich war auf dem Standesamt in St. Georgen und habe Walters Sterbeurkunde abgeholt. Der Himmel war dicht bewölkt. Die Betroffenheit, die die Nachricht von Walters Tod in diesem kleinen Ort ausgelöst hatte, war verflogen. Das Leben ging weiter.

Für mich wird das Leben nie wieder sein wie früher. Ich fühle mich, als hätte man mich mit einer Axt von Kopf bis Fuß in zwei Teile geteilt. Die 27 Jahre unserer Ehe haben uns gemeinsam um den Erdball geführt. Über dreißig Jahre haben wir ohne jeden Zweifel gewußt, daß wir beide dazu berufen waren, »eins« zu sein. Und das soll nun vorbei sein? Wie soll ich je wieder ein ganzer Mensch werden?

»Immer nur einen Schritt nach dem anderen machen«, hatte mir Walter 1979 ins Losungsheft geschrieben. »Gott zeigt uns den nächsten Schritt. Er kommt auf Wegen, die es noch nicht gibt.«

Ich war dankbar, daß meine älteste Tochter Katrine noch zwei Wochen bei mir bleiben konnte. Sie hatte ihr Baby, Virginia Ruth, dabei. Eines Abends legte sie Virginia auf Walters leeres Kopfkissen und sagte: »Sieh, hier ist neues Leben, Mutter.« Sie hatte recht.

Auch meine Schwester Veda war bei mir. Sie war die einzige meiner neun Brüder und Schwestern, die zur Beerdigung kommen konnte. Was hätte ich ohne ihren stillen Beistand gemacht? In der Nacht der Beerdigung, nachdem alle angereisten Gäste untergebracht waren, fehlte uns immer noch ein Bett. Ruth, Veda und ich teilten uns das Ehebett und fühlten uns auf seltsame Art getröstet.

Aber das Leben geht weiter. Es mußten Mahlzeiten gerichtet und Wäsche gewaschen werden. Stephen mußte zurück nach Wien zu seinem Studium. Er brauchte Vorhänge für sein Zimmer. Wir suchten gemeinsam den Stoff aus, und Veda half mir, sie zu nähen. Obwohl meine Hände so sehr zitterten, als wäre ich gerade erst nach schwerer Krankheit aus dem Krankenhaus entlassen worden, tat es gut, etwas Praktisches für meinen Sohn zu tun.

Katrine half mir, die Briefe zu lesen und auszusortieren, die uns täglich körbeweise erreichten. Die Nachricht von Walters Tod ging um die Welt. Sie setzte für mich einen Rundbrief an unsere Freunde auf. Und nachdem sie die Beiträge ihrer Geschwister zusammengestellt hatte, schrieb sie:

»Er starb am Morgen. Jesus rief ihn während seiner geliebtesten Tageszeit zu sich. Der ewige Morgen brach an. . . . Jesus hat ihm wohl ein Mahl bereitet und sie feiern gemeinsam. Wie gerne hat er doch auch hier auf Erden mit uns gefeiert! Er vermochte selbst die alltäglichsten Angelegenheiten in kleine Freudenfeiern zu verwandeln.

Vater hat stets so gut für uns gesorgt – im körperlichen, so wie auch im geistigen Sinne. Immer war ihm unser Wohlergehen wichtiger als das seine. Zu seinen letzten Handlungen zählten noch finanzielle Vorkehrungen für uns Geschwister. Mit Tränen in den Augen schaue ich auf und wundere mich, daß ich so oft seine Großzügigkeit für selbstverständlich hielt.

Vater plante oft unter großem seelischen Aufwand für seine Familie, um ja das Richtige am richtigen Ort im richtigen Augenblick geschehen zu lassen. Wehe, wenn es dann einmal nicht klappte! Fast ist es mir, als ob mein schmerzendes Herz ihn jetzt im Himmel wahrnimmt, wo er bereits Pläne für unser Heimkommen schmiedet . . .«

Ich arbeitete weiter mit der empfindungslosen Entschlossenheit, die einen befällt, wenn die Trauer noch neu ist. Ich mußte Walters Briefe unterschreiben, die er noch am Tag vor seinem Tod auf Band gesprochen hatte und die von unserer Sekretärin bereits getippt worden waren. Auch einen Bericht über seine Reise nach Neuguinea im August 1979 hatte er diktiert. Wie klar und präzise seine Worte doch auf dem Tonband klangen. Daß ich seine Stimme nie wieder hören sollte, seine Liebeserklärungen, seine vertrauten Späße!

In dieser Nacht träumte ich, daß ich in Salzburg spazieren gehe. Ich sehe Walter vor mir, aber ich kann ihn nicht berühren. Er geht voraus, aber ich kann nicht mit ihm Schritt halten. Und dann sehe ich, daß jemand, den er seelsorgerlich betreut hatte, neben ihm geht. In meinem Herzen ist plötzlich unsagbarer Schmerz. Mir wird bewußt, daß ich nie wieder in seinen Armen sein werde. Er steht mir nicht mehr näher als denjenigen, um die er sich gekümmert hat.

Ich erzähle Daniel, meinem ältesten Sohn, von dem Traum. »Du hast alle deine schönen Erinnerungen, Mutter«, antwortet er ruhig. »Und was du gehabt hast, kann dir keiner mehr nehmen.« Eine amerikanische Freundin, mit der zusammen ich in Paris studiert und in Kamerun gearbeitet habe, schrieb mir den gleichen Gedanken: »Um etwas zu verlieren, mußt du erst etwas besitzen.«

Ich brach bei diesen Worten in heftiges Weinen aus. Aber es waren heilsame, reinigende Tränen, die von tief innen kamen. Ich wollte weiterleben, um der Kinder willen und um »Family Life Mission« willen, des Bäumchens, das gerade begann, Wurzeln zu schlagen. Was um mich herum geschah, berührte mich wenig. Auch fiel es mir schwer, den wohlgemeinten Trost meiner Freunde anzunehmen. Der Refrain eines englischen Liedes ging mir ständig durch den Kopf:

Be not afraid	Hab keine Angst,
I go before you always	Ich gehe immer vor dir her,
Come follow me	Komm, folge mir,
And I will give you rest.	Und ich schenke dir Ruhe.

Drei Wochen nach Walters Tod waren Katrine und Veda abgereist. Walter und ich hatten geplant, zur 250-Jahr-Feier des Herrnhuter Losungsbüchleins nach Bad

Boll zu fahren. Sein bester Freund, Pfarrer Wolfgang Caffier aus Dresden, der während der letzten elf Jahre das Losungsbüchlein redaktionell betreut hatte, sollte einen Vortrag halten. Ich entschloß mich, die Reise zu machen und zum ersten Mal als Witwe den Lichtenberg zu verlassen.

David bot an, mich die 400 Kilometer zu fahren, und Ruth begleitete uns. Die Namen der Autobahnraststätten – Irschenberg, Holzkirchen, Vaterstätten – weckten Erinnerungen an Reisen mit Walter. Ich zwang mich dazu, an einer dieser Raststätten anzuhalten und mit den Kindern eine Tasse Tee zu trinken. Der tiefe Schmerz ließ ein wenig nach.

Bei der Ankunft im Tagungszentrum Bad Boll mußte ich ein Anmeldeformular ausfüllen. Familienstand? »Witwe«. Es ist, als ob ich mir selbst zuschaue. Ich möchte es nicht wahrhaben – doch es ist wahr: Ich bin Witwe. Wie oft hatte ich Walter in seinen Seelsorgegesprächen sagen hören: »Von einen Tag auf den anderen kann es dir passieren, daß du nicht mehr verheiratet bist, sondern wieder allein.« Und das war nun eingetreten.

Während ich noch in der Eingangshalle stand, kam Wolfgang Caffier auf mich zu und nahm mich in den Arm.

»Laß dich trösten, Ingrid«, sagte er. »Durch dich ist Walter der Mann geworden, der er war. Durch dich konnte er in Segen, Freiheit und Wärme arbeiten.«

Ich wollte diese Worte nicht gleich annehmen, aber gleichzeitig gaben sie mir neue Zuversicht und innere Kraft.

Pfarrer Klaus Hess und seine Frau Amalie luden mich ein, das Wochenende bei ihnen zu verbringen, bevor ich wieder nach Österreich abreiste. Sie sind beide über siebzig und haben uns stets betreut, als wären sie unsere Eltern. Mehr als nur einmal hat uns ihre geistliche Weisheit und Liebe in Zeiten großer Not getröstet. Ich genoß die Wärme ihres Zuhauses. Vor allem aber hörten sie mir geduldig zu. Ich machte mir ja solche Vorwürfe: Zweimal hatte Walter über heftige, stechende Schmerzen in der Brust geklagt. Warum hatte ich nicht auf einen früheren Arzttermin gedrängt? Wir hatten einen Termin für Montag, doch Walter starb am Samstag. Warum hatte ich ihm noch am letzten Tag Vorwürfe gemacht, die ihn nur ärgern, aber nicht helfen konnten? Warum habe ich nicht herzlicher geantwortet, als er mich am letzten Abend fragte: »Meinst du, es gibt jemanden auf dieser Welt, der mich lieb hat?« Warum? Wir waren beide erschöpft von unserer Reise. Und doch fand Walter, der sogar im Stehen schlafen konnte, wenn es sein mußte, in der letzten Nacht nur wenig Schlaf. Immer wieder streckte er seine Hand unter der Bettdecke nach mir aus und flüsterte: »Ingrid, ich liebe dich.«

»Es ist genug«, sagte Klaus zu mir, als das Wochenende zu Ende ging. »Wir legen jetzt alles vor das Kreuz, zu Jesu Füßen.«

Und nachdem wir gebetet hatten, sagte er mir die Vergebung zu. Er legte seine Hände auf meinen Kopf und segnete mich und meine Kinder. Wieder brach ich in Tränen aus, und wieder waren es heilsame und reinigende Tränen. In dem großen Ohrensessel, in dem ich saß, kam ich mir vor wie auf dem Schoß meines himmlischen Vaters.

»Körperlich bist du von Walter getrennt, aber geistlich stehst du ihm näher als je zuvor«, erklärte mir Pfarrer Hess. »Wenn wir beten, sind wir vor Gottes Gnadenthron mit denen vereint, die in Christus gestorben sind. Und ebenso, wenn wir am Altar das Abendmahl empfangen. Wir sind von der großen Wolke der Zeugen umgeben. Geh zurück auf den Lichtenberg, aber mache keinen Heiligenschrein daraus. Es ist nur dein irdisches Zuhause.«

Jonathan Edwards (1703-1758) war einer der ersten Theologen und Prediger der Vereinigten Staaten. Er starb zu einem unpassenden Zeitpunkt, denn erst einen Monat zuvor war er Dekan der Princeton Universität geworden. Wenige Wochen nach seinem Tod schrieb seine Frau diesen Brief an eines ihrer Kinder: »Was soll ich sagen? Ein heiliger und guter Gott hat uns mit einer dunklen Wolke bedeckt. Oh, daß wir den Stab küssen könnten und unsere Hände auf den Mund legen! Der Herr hat es getan. Ich möchte ihm für seine Güte danken, daß Jonathan so lange bei uns sein durfte. Mein Gott lebt, und ihm gehört mein Herz. Oh, welches Erbe hat uns mein Ehemann und dein Vater hinterlassen! Wir sind alle Gott anvertraut. Bei ihm bin ich, und ich bin es gern.«

Mein Gebet für Sie ist, daß Sie denselben Mut haben mögen wie Jonathan Edward's Frau. Der Herr segne Sie und tröste Sie.

Charles Colson

P. S.: Wie bei vielen großen Schriftstellern vor ihm wird Walters Werk weiterleben. Mich hat die Tatsache immer beeindruckt, daß C. S. Lewis nach seinem Tod viel mehr gelesen wurde als vorher.

4. Kapitel

Das Vermächtnis seiner Liebe

Trauern heißt nicht nur, sich mit einem Verlust abzufinden. Die Gegenwart eines Menschen erlischt nicht einfach mit seinem Tod, sie kann noch stärker werden, wenn er nicht mehr da ist. Viel schmerzhafter als die Erfahrung, daß man nicht mehr mit ihm reden, ihn fühlen und hören kann, war für mich die Erfahrung, daß ich Walter in fast allem, was ich tat, begegnete. In seinen Kindern, seinen Büchern, seinen fertigen und unfertigen Projekten und Plänen hatte er mir ein wertvolles Erbe hinterlassen, das auf meine Pflege und Liebe angewiesen war. Anderes glich mehr einer Saat, die Walter ausgesät hatte und die erst jetzt nach seinem Tod aufging. Meine Zusammenarbeit mit Walter war nicht zu Ende, sie schien gerade erst anzufangen.

Vier Wochen sind seit der Beerdigung vergangen, und immer noch erreicht mich täglich aus allen Teilen der Welt eine Flut von Beileidsbriefen. So viele weinen mit mir um Walter, der, seitdem er als 18-jähriger Infanteriesoldat die Schlacht um Stalingrad überlebt hatte, nicht mehr weinen konnte.

Allmählich ließ auch die betäubende Wirkung des ersten Schocks nach, und zum ersten Mal empfand ich den Schmerz in seiner ganzen Intensität.

Manche Ärzte verschreiben den Hinterbliebenen Beruhigungsmittel. Ich glaube nicht, daß man auf diese Weise seinen Gefühlen aus dem Weg gehen kann. Man muß sich seinem Schmerz stellen, es ist die einzige Therapie.

Eine große Hilfe, Schritt für Schritt auf diesem steinigen Weg voranzukommen, war für mich die stille Anwesenheit unseres afrikanischen Freundes Jean Banyolak. Walter war in Kamerun Jeans Deutschlehrer gewesen und hatte ihn auch weiterhin betreut, als Jean heiratete, in Europa eine Fachausbildung machte und als Eheberater nach Douala zurückkehrte. Nun war Jean gekommen, um zwei Wochen mit mir zu trauern.

Von den drei Freunden Hiobs heißt es: »Sie saßen mit ihm auf der Erde sieben Tage und sieben Nächte und redeten nichts mit ihm; denn sie sahen, daß der Schmerz sehr groß war« (Hiob 2, 13).

Von einem ähnlichen Erlebnis berichtet Joseph Bailey, als einer seiner Söhne tödlich verunglückt war:

»Ich saß da, vom Schmerz verzehrt. Jemand kam und sprach zu mir vom Handeln Gottes, daß alles einen Sinn hat, und von der Hoffnung über das Grab hinaus. Er redete ununterbrochen, er sagte Sachen, von denen ich wußte, daß sie wahr sind.

Es berührte mich aber nicht. Ich wünschte mir, daß er gehen würde, und freute mich, als er endlich fort war.

Ein anderer kam und setzte sich neben mich. Er redete nicht. Er stellte keine großartigen Fragen. Er saß bloß neben mir, eine Stunde oder länger, hörte zu, wenn ich etwas sagte, antwortete kurz, sprach ein einfaches Gebet und ging wieder.

Es berührte mich. Es tröstete mich. Ich wollte nicht, daß er schon geht.«   in: *The view from a Hearse*.

Eines Morgens wache ich auf und entdecke eine gelbe Rose und eine Tasse Tee auf meinem Nachttisch. War Walter da? Zum ersten Mal seit Wochen hatte ich tief und fest geschlafen. Ich fühle mich auf seltsame Art getröstet und gestärkt. Die empfindungslose Entschlossenheit, die mich durch die vergangenen Wochen getragen hatte, verließ mich. Ich hatte ja einen »übermenschlichen« Gefährten, und seine Kraft und Liebe trug mich voran. Er würde meine leeren Hände füllen. Dieser Morgen ist mir als entscheidender Wendepunkt im Gedächtnis geblieben, an dem sich eine Tür auftat in meinem Herzen und Licht in meine Dunkelheit kam. Mit einem Mal konnte ich statt unerträglichen Schmerz Freude und Dankbarkeit empfinden, wenn ich die vielen kleinen und großen Dinge sah, in denen Walter noch gegenwärtig war.

In unseren fünf Kindern sah ich das größte Vermächtnis seiner Liebe. Ich dankte Gott für das Wunder ihres Lebens, und in jedem einzelnen von ihnen begegnete mir Walter neu. Ihnen konnte ich die Liebe weitergeben, die ich für Walter empfand.

Unser jüngster Sohn Stephen lud mich nach Wien ein, um Walters 56. Geburtstag bei ihm zu verbringen. Wien war Walters Lieblingsstadt gewesen. Hier hatte er sein Theologiestudium begonnen, als er im

Krieg schwer verwundet von der russischen Front zurückgekehrt war. Ein Jahr vor seinem Tod war er eine Woche hier gewesen, um an einem Theaterstück zu schreiben, das ihm schon lange durch den Kopf ging und das nun unvollendet auf seinem Schreibtisch lag. Ich sprach mit Stephen darüber, der Theaterwissenschaft an der Universität Wien studierte. Wir saßen in einem Cafe und hatten gerade eine Aufführung von Haydns »Schöpfung« miterlebt. Ich fühlte mich bei meinem 20-jährigen Sohn geborgen und erinnerte mich an die Worte unseres Eheberaters, Dr. Bovet: »Nicht nur Kinder sind bei ihrer Mutter geborgen, auch die Mutter ist bei ihren Kindern geborgen.«

Aber nicht nur ich empfand, daß Walters Liebe nach seinem Tode weiterwirkte. Linde Getahun, unsere langjährige Mitarbeiterin, schreibt mir zu Walters Geburtstag: »Man sagt, daß der Trauernde in seiner Trauer Eigenschaften des Verstorbenen annimmt. Ich habe das während der vergangenen Wochen auch an mir beobachten können. Deshalb hat uns Walter wahrscheinlich mehr Segen hinterlassen, als wir jetzt ahnen können. Denn wenn seine leiblichen und geistlichen Kinder einige seiner Eigenschaften und Werte annehmen, dann werden sie in ihrer Trauer um ein Vielfaches reicher. Walter war eben ein wundervoller Mensch. Er war so außergewöhnlich, weil er so echt war.«

Und stellvertretend für viele andere, um die sich Walter intensiv gekümmert hatte, schreibt mir eine

Frau: »Ingrid, ich will Dir nicht weh tun, aber ich muß Dir sagen, daß mir Walter jetzt sehr nahe steht. Er gehört jetzt zu der Wolke der Zeugen, die uns ständig umgibt. Ich kannte ihn nur drei kurze, intensive Jahre lang. Durch seinen Dienst an mir bin ich geheilt. Wenn ich manchmal in Versuchung komme, ungehorsam zu sein, dann steht Walter plötzlich neben mir. Sein Geist beeinflußt meinen Geist. Ja, er ist mir beinahe im Tod eine größere Hilfe als im Leben. Er umgibt mich in Jesus Christus, oder Jesus Christus umgibt mich in Walter.«

Ich war voll Staunen, als ich diese Gedanken las, obwohl ich ihre Tiefe nur erahnen konnte.

Walters schriftstellerischer Nachlaß ist ein anderer Bereich, in dem Walter weiterlebt. Katrine hatte im letzten Rundbrief geschrieben: »Obzwar Vater früh gestorben ist, so hat er uns doch ein reifes Lebenswerk hinterlassen. Durch seine Briefe und Bücher werden wir ihm noch viele Jahre geistig nah sein dürfen.«

Ob andere überhaupt nachvollziehen können, was diese Bücher uns und unserer Ehe abverlangt haben? Es war jedes Mal wie eine Schwangerschaft und wie die Geburt eines Kindes, nur daß es sehr viel länger dauerte. Ich stand daneben und versuchte Walter abzuschirmen, solange er schrieb, und er tat dasselbe für mich. Wie oft hätten wir am liebsten aufgegeben und das Manuskript, an dem wir gerade arbeiteten, ins Feuer geworfen! Aber – und auch das lernten wir allmählich – je breiter das Tal war, das wir durchquerten, bevor ein Manuskript fertiggestellt war, desto reicher war später der Segen dieses Buches. Welche inbrünstige Freude habe ich immer empfunden, wenn ich dann an der englischen Fassung arbeiten und feilen konnte. Werde ich diese Freude je wieder erfahren?

Ich erinnere mich an eine Unterhaltung ein halbes Jahr vor Walters Tod: »Walter, dein Dienst hat gerade erst begonnen«, hatte unsere Freundin gesagt.

»Wie meinst du das?« antwortete er. »Ich bin schon so müde. Oder denkst du etwa an die Bücher?«

Tief bewegt war ich von Daniels Beitrag im letzten Rundbrief. Fünf Jahre lang hat er an Walters Seite gearbeitet. Er schreibt:

»Vielleicht kann ich als ältester Sohn am besten das geistige und geistliche Erbe meines Vaters ermessen. Ich bete täglich um die Gnade, eines Tages meinen Kindern und Enkeln mitgeben zu können, was mein geliebter Vater mir überlassen hat.«

Ein Beileidsbrief eines deutschen Weinbauern aus der Pfalz erreicht mich: »Walter war Arbeiter in Gottes Weinberg. Er starb mitten in der Weinlese.«

Der Gedanke des Trauerns ist sehr alt und hat in zwei der ältesten Sprachen der Menschheit auf besondere Weise seinen Niederschlag gefunden: Die Grundbedeutung in Sanskrit lautet »sich erinnern« und im Griechischen »sich kümmern«. Trauer ist ein Gefühl, das aus der universellen Erfahrung eines Verlustes erwächst – der Vorgang, in dessen Verlauf sich Trauernde von dem wegbewegen, was war, und sich dem anpassen, was ist. Kummer und Gram und das Gefühl, eines Menschen oder eines wertvollen Gutes beraubt worden zu sein, sind Teile – aber nur Teile – des Trauerprozesses. Trauer ist die Reise von dort, wo man vor dem Verlust war, dorthin, wo man darum ringt, sein Leben an die veränderte Situation anzupassen.

Glen Davidson
in »Understanding Mourning«

5. Kapitel

Loslassen

Ich kann mich noch erinnern, wie erstaunt wir waren, als uns vor Jahren unsere achtjährige Ruth ermahnte: »Es wird Zeit für euch, wieder einmal nach Salzburg zu fahren.« Sie hatte offensichtlich einen Blick dafür, wann ihre vielbeschäftigten Eltern eine Pause brauchten.

Walter liebte Salzburg. Er hatte sogar eine Prüfung als Fremdenführer abgelegt, um Freunde fachkundig durch diese wunderbare Stadt führen zu können. Ab und zu legten wir einen Ruhetag dort ein, um auszuspannen und Dinge zu besprechen, die sich leichter besprechen lassen, wenn nicht gerade fünf Kinder und ein paar Gäste mithören. Ich hatte Angst, an die Plätze zurückzukehren, die uns beiden so viel bedeutet hatten. Aber ich wußte auch, daß dies ein notwendiger Schritt war auf meinem Weg, wieder alleine leben zu lernen.

Als ich durch den Mirabellengarten ging, blutete mein Herz bei jedem Schritt. Der Herbst war vorbei, die Bäume und Sträucher schienen auf den kalten Winter zu warten. Nie wieder würde ich hier Arm in Arm mit ihm spazieren gehen, nie wieder mich auf einen Ausflug mit ihm freuen.

In Walters Lieblingscafe traf ich mich mit einer Freundin. Sie hatte es so viel schwerer gehabt als ich. Sie war noch keine vierzig Jahre alt, als ihr Mann sie mit ihren vier Kindern allein ließ, um mit einer anderen Frau zu leben. Die schönen Erinnerungen fehlten ihr. Der Schlag hatte sie unvorbereitet getroffen, sie hatte keinen Beruf, keinen Führerschein, und auch ihr Selbstvertrauen war völlig zusammengebrochen. Doch sie nahm eine Hürde nach der anderen und war mir in meiner Trauer ein Vorbild.

Außer der Traurigkeit, die aus dem Gefühl erwächst, daß man seinen Lebensgefährten verloren hat, gibt es eine Traurigkeit, die auf Selbstmitleid gründet. Selbstmitleid vergiftet jede Partnerschaft, und für den, der alleine leben will, stellt sie erst recht eine große Gefahr dar.

Immer wieder stand ich in der Versuchung, mich meinem Selbstmitleid hinzugeben. Es half mir, an meine Mutter zu denken. Sie war 44 Jahre alt, als mein Vater starb, und hatte 10 Kinder zu versorgen. Der älteste Sohn hatte gerade das Abitur gemacht. Und außer einer winzigen Witwenrente gab es keinerlei finanziellen Rückhalt. Wie anders nahm sich dagegen meine Situation aus. Meine jüngste Tochter würde bald studieren, und Walter hatte Vorkehrungen getroffen, die uns einen bescheidenen, aber ausreichenden Unterhalt garantierten.

Allmählich ließ auch die tägliche Zahl der Beileidsbriefe nach, und ich merkte, wie erleichtert ich darüber war. Und doch sehnte ich mich nach Trost und »Liebeserklärungen«. Man kann sich nicht selbst Trost zusprechen, genauso wenig wie man sich selbst das Evangelium predigen kann. Wir brauchen einen Bruder oder eine Schwester, die das für uns tut. Als ich von meinem Ausflug nach Salzburg zurückkam, lag ein Brief aus Kanada von einem katholischen Arztehepaar im Briefkasten:

»Wie sehr hat der Herr doch Walter gesegnet! Ich weine, wenn ich an ihn denke – und an Dich. Möge Er Dich in Deinem Schmerz überreichlich segnen, so wie auch Walter Dich jetzt vollkommener lieben kann als zu der Zeit, als er noch körperlich bei Dir war.

Der Herr hat vor Jahren den gleichen Verzicht von Deiner Mutter gefordert. Und auch Jesu Mutter mußte diesen Verlust erfahren. Sei weiterhin mit Freuden unterwegs und sei versichert, daß Dein Zeugnis vor uns durch die Liebe und die Gebete der weltweiten Gemeinde getragen wird, der Ihr beide uneingeschränkt gedient habt.

›Ich gehe, um einen Platz für Euch vorzubereiten . . . und ich komme wieder und werde euch zu mir holen, damit auch ihr dort seid, wo ich bin. Und wo ich hingehe – den Weg wißt ihr‹ (Joh. 14,2-4).«

Jeder braucht etwas, auf das er sich freuen kann. Einmal lud mich eine gute Freundin meiner Tochter Katrine zu einem Konzert nach Salzburg ein. Ein anderes Mal bekam ich Eintrittskarten für das Adventssingen im Festspielhaus geschenkt. Auf einer der letzten kleinen Kärtchen, die mir Walter immer auf den Tisch legte oder heimlich in meine Bücher schmuggelte, hatte er geschrieben: »Wenn du nicht gut zu dir selbst bist, wie kannst du dann gut zu anderen sein?«

Ich weiß nicht, wie ich dieses Stadium der Trauer ohne den Kontakt mit Freunden, die mich trugen, überstanden hätte. Ich fühlte mich hilflos wie ein kleines Kind und hatte immer noch keinen Blick für die Sorgen anderer.

Wenige Tage vor Walters Tod hatten wir mit Daniel und Betty ihre Verlobung gefeiert. Sie wollten am 21. Dezember heiraten. Obwohl es mir sehr schwer fiel, wußte ich, daß es gut war, wenn sie den Termin nicht verschoben. »Was für ein gutes Datum«, schrieb ein Freund. »Es ist der kürzeste Tag des Jahres. Von nun an kommt Licht in Deine Dunkelheit, und jeden Tag wird das Licht ein wenig wachsen.« Ein anderer antwortete auf die Hochzeitseinladung: »Ich war so traurig, wenn ich an euer Haus auf dem Lichtenberg dachte als ein Haus, in dem Trauer herrscht. Einmal mehr werden die frohen Klänge einer Hochzeitsfeier dort erklingen.«

Am Tag vor der Hochzeit saßen alle fünf Kinder mit ihren engsten Freunden um unseren runden Bauerntisch herum. Als der Pfarrer, der am nächsten Tag die Trauung hielt, die sechzehn jungen Leute beisammen sitzen sah und die Wärme spürte, die sie ausstrahlten, sagte er zu mir: »Jetzt verstehe ich, Ingrid: Das ist Family Life Mission!«

Ein paar Wochen vor der Hochzeit nahm ich mit Betty zusammen an einer Adventsmeditation teil. Wir lasen und meditierten über Jesaja 40: »Tröstet, tröstet mein Volk.« Der Tag endete mit einer gemeinsamen Abendmahlsfeier. Walter schien mir ganz nahe. Ich begann langsam zu ahnen, was Pfarrer Hess gemeint hatte, als er sagte: »Körperlich bist du von Walter getrennt, aber geistlich stehst du ihm näher als je zuvor.«

Glen W. Davidson nennt in seinem Buch fünf wichtige Regeln, die Trauer zu bewältigen: 1. Die Unterstützung durch einen Freundeskreis und Familie. 2. Angemessene Ernährung. 3. Genug Flüßigkeit aufnehmen. 4. Regelmäßige körperliche Bewegung. 5. Täglich genug Schlaf und Ruhe finden.

Ich ging gerne schwimmen. Für einige Minuten konnte ich vor meinen Lasten »davonschwimmen«. Manchmal reichte auch schon ein Spaziergang, um diesen Abstand zu gewinnen. Und wenn mir ein Problem oder eine Frage auf dem Herzen lag, hat sie mir Gott oft dann beantwortet.

Daniel hatte mich gefragt, ob er nicht Walters Ehering haben könnte. Wenige Tage später ging ich mit Betty ins Schwimmbad. Zwischen zwei Längen streifte ich meinen Trauring vom Finger und steckte ihn liebevoll an Bettys Hand.

Ich war mit Walter Trobisch verheiratet, und was ich gehabt habe, kann mir keiner nehmen. Aber der Tod hat uns jetzt getrennt. Ich muß loslassen, um weitergehen zu können.

Niemand kann am Leben bleiben, wenn nicht jemand auf ihn wartet. Jeder, der von einer langen und schwierigen Reise nach Hause kommt, freut sich, wenn er am Flughafen oder Bahnhof erwartet wird. Ein jeder möchte gerne seine Geschichte erzählen und die kleinen schmerzhaften und heiteren Erlebnisse mit jemandem teilen, der zu Hause geblieben ist und darauf wartete, daß er zurückkam.

Henri Nouwen
in »The woundet Healer«

6. Kapitel

Alleine weitergehen

Ich saß im Flugzeug und flog über den Atlantik von einer Welt in eine andere. Ein Gedenkgottesdienst für Walter war in Minneapolis geplant. Die meisten meiner Geschwister und viele enge Freunde erwarteten mich. Ich würde auch meine Mutter sehen.

Es ist schon fast vier Jahrzehnte her, als uns die Nachricht erreichte, daß mein Vater nach einem Malariaanfall einem Herzversagen erlegen war. Am selben Tag, an dem wir davon erfuhren, wurde er in der drückenden Hitze Daressalaams an der Ostküste Afrikas beigesetzt. Damals war es an mir gewesen, meine Mutter zu trösten.

»Sei nicht traurig«, hatte ich zu ihr gesagt, als sie zum Gedenkgottesdienst eintraf. »Du hast doch noch deine fünf Söhne und deine fünf Töchter.«

Doch sie antwortete mir nur: »Ingrid, du weißt noch nicht, was es heißt, seinen Lebensgefährten zu verlieren.«

Jetzt wußte ich es.

Ich dachte zurück an die vielen Angelegenheiten, die ich die letzten Tage vor meinem Flug von Frankfurt nach New York in Mannheim hatte erledigen müssen: Papiere unterschreiben, endlose deutsche Formulare ausfüllen, mein Testament neu aufsetzen, Walters Auto gegen ein kleineres eintauschen, mit dem Vorstand von Family Life Mission zusammenkommen. Ein Mitarbeiter faßte in Worte, was wir empfanden: »Der Kapitän hat unser Schiff verlassen. Jetzt müssen wir an Bord Zurückgebliebenen das Schiff sicher an Land bringen und die Mannschaft neu zusammenstellen.« Ein erfahrener Freund und Leiter eines Missionswerkes sagte mir in aller Offenheit, als wir über die Zukunft von FLM sprachen: »Sei auf viele Krisen gefaßt.« In meiner jungen Trauer war ich noch sehr empfindlich und subjektiv. Jede Entscheidung fiel mir schwer und tat weh, auch wenn ich genau wußte, daß sie richtig war.

Ich dachte an unser Weihnachtsfest zurück. Es war dieses Mal besonders schwer für uns. Trotz der Freude über Daniels und Bettys Hochzeit und über unser Zusammensein wurde ich das Gefühl nicht los, daß auch unsere Familie Schiffbruch erlitten hat. Der Kapitän war nicht mehr da – unser kleines Familienboot ist gekentert. Wir haben zwar unsere Schwimmwesten angelegt, so daß wahrscheinlich keiner von uns ertrinkt, aber wir treiben im Wasser. Ich sah Edvard Munchs Bild »Das kranke Kind« vor mir, das den Tod seiner Schwester darstellt. Jedes Familienmitglied schaut auf dem Bild in eine andere Richtung – von den anderen isoliert: jeder reagiert auf seine eigene, individuelle Art auf die Tragödie, die stattfindet.

Meine Trauer als Ehefrau war anders als der Schmerz, den die Kinder nach dem Verlust ihres Vaters empfanden. Und das wiederum weckte in mir das Gefühl, nicht nur von Walter, sondern auch von meinen Kindern getrennt zu sein. Jeder ging mit seiner Trauer auf seine Art um. Würden wir je wieder unsere gemeinsame Orientierung finden? Ich verstand jetzt besser, was Paulus meinte, wenn er vom »Seufzen der Kreatur« (Röm. 8,22) spricht. Mein Herz seufzt, es ist voller Schmerz. Ein Rabbi sagte einmal: »Es gibt kein ganzeres Ding als ein gebrochenes Herz.«

Beim Anflug auf New York, spürte ich wieder diesen unsagbaren Schmerz. Als ich das letzte Mal alleine reiste und in Port Moresby, Papua Neuguinea, aus dem Flugzeug stieg, stand Walter schon bereit, um mich in den Arm zu nehmen. Das würde nie wieder geschehen. Die Worte von Henri Nouwen kamen mir in den Sinn: »Niemand kann am Leben bleiben, wenn nicht jemand auf ihn wartet. Jeder, der von einer langen und schwierigen Reise nach Hause kommt, freut sich, wenn er am Flughafen oder Bahnhof erwartet wird.«

Am 20. Januar wurde Walters Gedenkgottesdienst in der Augustana Lutheran Church in Minneapolis gefeiert. Sein äthiopischer Freund Getahun hielt die Ansprache. Er war mit einem weißen Gewand bekleidet, als er auf die Kanzel stieg, eine Tracht aus seiner Heimat. »Ich habe ein Hochzeitskleid an«, sagte er. Er hob seine Hände mit einer Geste des Lobpreises in die Höhe und richtete seinen Blick nach oben. »Laßt uns alle still sein und Walters Hochzeit mit der himmlischen Braut feiern.« Und dann verlas er den Predigttext aus Josua 1,1-9, der sechs Jahre zuvor Walters Predigttext bei Getahuns Hochzeit in Addis Abeba gewesen war: »Mein Knecht Mose ist gestorben. Stehe auf, überquere den Jordan und gehe in das Land.« Der Jugendchor »Hope Anew« sorgte für den musikalischen Rahmen. Nur wenige Monate zuvor hatten viele dieser jungen Leute Walter in Minneapolis reden hören.

Erst nach dem Gottesdienst wurde mir bewußt, wie sehr meine eigenen Geschwister Walter als Bruder, ja sogar als Vater betrachtet hatten. Ich fühle mit mit meinen Neffen und Nichten. Walter hatte jeden einzelnen von ihnen in sein Herz geschlossen. Werde ich ihnen helfen, ihnen Mut machen können, damit sie weiter darum kämpfen, Licht in die Dunkelheit zu bringen?

Im Anschluß an meinen Besuch in Minneapolis verbrachte ich drei Tage bei einer guten Freundin in Chicago, bevor ich wieder nach Hause flog. Sie stellte Fragen und hörte zu, wenn ich redete. Vieles, das mir auf der Seele lag, konnte ich jetzt zum ersten Mal in Worte fassen. Da ihr Mann auf einer Geschäftsreise war, waren wir alleine in ihrem wunderschönen Haus. Am Ende des dritten Tages fühlte ich körperlich, wie sich ein Kloß in meinem Hals löste – ein Zeichen für den ganzen inneren Schmerz, der sich in meinem Herzen aufgestaut hatte.

Das Leben gewährt keine Garantien. Akzeptiere die Grenzen deiner Lebenssituation, sage ich mir. Kann ich lernen, mein Alleinsein anzunehmen?

In *These strange Asher* schreibt Elisabeth Elliot, die zweimal ihren Ehemann verloren hat:

»Es hat lange gedauert bis ich verstanden habe, daß sich Gott selbst hingibt, wenn wir annehmen, was gegeben ist. Sogar der Sohn Gottes mußte durch sein Leiden Gehorsam lernen . . . Wir können lernen, jede

Erfahrung eines persönlichen Verlustes als einen Teil des Leidens anzunehmen, das Christus auf sich nahm, als er alles auf sich nahm. ›Gewiß hat er unsere Trauer getragen und unsere Leiden.‹ Und wenn ich diese Trauer, diesen Kummer, diesen völligen Verlust, der meine Hände leer macht und der mein Herz bricht, annehme, finde ich in meinen Händen etwas, das ich weitergeben kann. Und ich gebe es Ihm zurück, der in geheimnisvollem Austausch sich selbst wieder mir hingibt.«

»Eure Freude soll strahlen wie der helle Tag« (Jes. 58, 10). So lautete die Verheißung, als ich nach Europa zurückkam. Mein Lektor in New York erzählte mir von seinen Erfahrungen mit Trauer. »Ich hörte einen Vogel singen«, sagte er, »und dann wußte ich, daß ich am Ende des Tunnels angekommen war.«

Stephen erwartete mich in Frankfurt am Flughafen. Obwohl es noch Februar war, hörte ich am nächsten Morgen vor meinem Fenster einen Vogel singen. Der FLM-Vorstand hatte in der Zwischenzeit beschlossen, sich als gemeinnütziger Verein zu organisieren. Der kleine Baum, FAMILY LIFE MISSION, wuchs also weiter.

In wenigen Wochen war ein FLM Eheseminar in Salzburg geplant. Die drei verantwortlichen Paare baten mich um meine Mitarbeit. Ich hatte Angst davor, und doch sagte ich zu. Denn ich wußte, daß das ein weiterer Schritt war, den ich auf meinem Weg gehen mußte. Es lag ein großer Segen auf dem Seminar.

17. Februar – Mein erster Geburtstag seit Walters Tod. Letztes Jahr feierten wir ihn noch zusammen, und der

Kreis war geschlossen. Mein Losungswort stand in Psalm 102,18: »Er wendet sich dem Gebet der Verlassenen zu.« Ich hatte das Wort damals nicht verstanden, denn ich schien reich beschenkt und meine Hände waren voll. Diesmal kam die Losung aus Jesaja 55,8: »Meine Gedanken sind nicht eure Gedanken, und eure Wege sind nicht meine Wege – sagt der Herr.«

Nach dem Eheseminar hatte ich mich eine Woche lang an einen ruhigen Ort zurückgezogen, um meinem müden Körper und den angespannten Nerven eine Ruhepause zu gönnen, aber auch um eine neue Perspektive für die kommenden Monate zu finden. Ich habe gelesen, daß eine Witwe im ersten Jahr ihrer Witwenschaft keine unwiderruflichen Entscheidungen treffen soll. Aber ich mußte wissen, wie es weitergeht und was Gott von mir wollte.

In meinem Tagebuch hielt ich folgende Prioritäten fest:

»1. Meinem himmlischen Vater eine gehorsame Tochter sein.

a) Sein Wort lesen

b) mir regelmäßig Zeit für Stille und Gebet zu nehmen (für mich heißt das, wie ein Kind auf dem Schoß meines himmlischen Vaters zu sitzen und bei ihm zu sein). Gott hat es gerne, wenn wir für Ihn arbeiten, aber er liebt es, wenn wir singen. Vater, lehre mich, wieder zu singen.

2. Meinen Kindern eine gute Mutter sein, auch wenn wir weit voneinander entfernt leben. Sie sind immer in meinem Herzen, und das betrifft auch ihre Lebenspartner und meine geliebten Enkelkinder.

3. FLM in Deutschland, Afrika, Österreich, Frankreich und Amerika eine Mutter sein. Das heißt, den dreifachen Dienst fortsetzen, den Walter und ich zusammen begonnen haben und unsere Mitarbeiter darin bestärken:

a) Family Life Seminare betreuen

b) Literaturarbeit: Walters unfertiges Manuskript *Der Mißverstandene Mann* für die Veröffentlichung überarbeiten.

c) Die Leserbriefe beantworten, die uns jede Woche erreichen und die um seelsorgerliche Hilfe bitten. Wir müssen uns dazu einen Freundeskreis aufbauen, der diesen stillen Dienst erfüllen kann.

4. Ein »Platz« zu sein, für diejenigen, die ihn brauchen. Den Propheten Nahrung geben, vor allem den jungen Propheten, die noch dabei sind, ihren Dienst zu finden. Das heißt, unser kleines Heim auf dem Lichtenberg neu zu organisieren und umzuordnen, um für das Neue offen zu sein.

Walter war ein Morgenmensch, ich bin mehr ein Abendmensch. Meine Lieblingsstunde ist die Stunde kurz vor und nach Sonnenuntergang. Herr, hilf mir, meine goldenen Stunden auszunützen. Die Türen zur ganzen Welt stehen mir offen.«

Am Karsamstag fuhr ich zum Friedhof in Attersee. Es war Walter und mir zur Gewohnheit geworden, an diesem Tag alle die Sorgen, die uns bedrückten, und die Ungerechtigkeiten, die uns widerfahren waren, ins Grab zu legen und für immer zu beerdigen. Erst dann waren wir für Ostern und die Auferstehungsbotschaft vorbereitet.

Ich ging an Walters Grab und ließ viele Dinge, die mich noch belasteten, dort. Ich fühlte mich wie ein Kind, das weint und getröstet werden will. In meiner Trauer war ich noch nicht erwachsen. Es ist, wie wenn man eine Zwiebel schält: Sobald ich mit einer Sache Frieden geschlossen und mich davon gelöst habe, kommt darunter eine neue, unbewältigte Schicht zum Vorschein. Als ich am Grab stand, durchbrach ein Sonnenstrahl die Wolkendecke. Die Worte, die ich hörte, waren einfach: »Wenn das Weizenkorn nicht in die Erde fällt und stirbt, bleibt es allein; wenn es aber stirbt, bringt es reiche Frucht« (Joh. 12,24).

Ich möchte ein Baum werden, wie er in Jesaja 61,36 beschrieben ist: »Ein Baum der Gerechtigkeit, eine Pflanze zum Lobe des Herrn.« Viele kleine Bäume wuchsen aus Walters behutsamer Seelsorge. Meine Aufgabe war es nun, ein Gärtner zu sein und diejenigen zu stärken, die schwach waren; sie zu veredeln, zu stutzen und zurechtzuschneiden, und auf den richtigen Zeitpunkt, Gottes Zeitpunkt, zu warten.

Am Ostersonntag schreibt mir Betty, meine Schwiegertochter:

»Möge unser guter Hirte Dich an stille Wasser führen,
an Teiche der tiefen Ruhe,
und Dein Leben erneuern
indem er die Weite Deiner trauernden Seele ergrünen läßt,
Dich trägt und sich um Dich sorgt
um seines Namens willen.«

»Entgegen der allgemeinen Auffassung sind die ersten Tage der Trauer keineswegs die schlimmsten. Schock und lähmende Unfähigkeit, das Geschehene zu begreifen, sind normalerweise die erste Reaktion. Man hat eine Amputation über sich ergehen lassen müssen. Nach dem Schock setzt scharfer, früher Schmerz ein. . . . Man spürt das verlorene Körperteil immer noch bis an die Nervenspitzen. Es ist, als ob die Heftigkeit des Schmerzes die Entfernung zwischen uns und dem Toten zusammenschmelzen läßt. Vielleicht stirbt tatsächlich ein Teil von uns. Wie Orpheus, versucht man dem Toten zunächst auf seiner Reise zu folgen. Aber den Weg wie Orpheus zu Ende gehen kann man nicht, und nach einer langen Reise kehrt man doch wieder um. Wenn man Glück hat, wird man wiedergeboren. Manche Menschen sterben viele Male in ihrem Leben und werden jedes Mal wiedergeboren. Für andere ist der Boden zu karg und die Zeit zu kurz für eine Wiedergeburt. Zu diesem Prozeß gehört auch, daß eine neue Beziehung zu dem Toten entsteht, diesem »veritable ami mort«, von dem Saint Exupery spricht. Wie jede Schwangerschaft ist es ein langsamer, dunkler, verborgener Prozeß. Während er stattfindet, ist man empfindlich und leicht verletzbar. Man muß das neue Leben, das im Inneren langsam wächst, hüten und beschützen – wie ein Kind.«

Anne Lindbergh
in »Hour of Gold, Hour of Lead«

7. Kapitel

Die Stadien der Trauer

Nach den ereignisreichen ersten Monaten nach Walters Tod, sehnte ich mich nach einem ruhigen Sommer auf dem Lichtenberg. Ruth bestand im Juni ihr Abitur und bot an, mir im Haushalt behilflich zu sein und für uns zu kochen.

Walters bester Freund, Pfarrer Wolfgang Caffier aus Dresden, war sechs Wochen lang bei uns zu Besuch.

Im Spaß hat Walter oft gesagt: »Meine Frau hat ein Buch geschrieben *Mit Freuden Frau sein*, ich möchte das Gegenstück dazu schreiben: *Mit Leiden Mann sein.*« Der erste handschriftliche Entwurf lag auf seinem Schreibtisch, als er starb. Außerdem war da noch ein kleines Paket, in das Walters Mutter vor Jahren seine Briefe und Tagebücher aus der Kriegszeit gepackt hatte. Sie waren alle in Sütterlinschrift geschrieben, die ich nur mit großer Mühe lesen konnte.

»Eines Tages werde ich sie dir vorlesen«, hatte er mir versprochen. Aber dieser Tag war nicht gekommen. Die Tagebücher waren sehr mitgenommen, die Blätter, teilweise mit Bleistift beschrieben, waren schon stark vergilbt. In aufopferungsvoller Arbeit entzifferte Wolfgang Caffier Walters Handschrift und schrieb alles mit großer Sorgfalt ab. Jeden Tag las er mir wieder ein Stück weiter daraus vor, und ich verliebte mich in den jungen Walter, den ich nie gekannt hatte.

In diesen Tagen schrieb mir eine meiner besten Freundinnen aus Minneapolis, daß ihr Mann, ein bekannter Dozent für biblische Theologie, ganz unerwartet gestorben sei. Als sie drei Wochen später in sein Dienstzimmer ging, um seine Sachen zu holen, begegnete sie zufällig dem Dekan der Fakultät.

»Alles in Ordnung, Helen?« fragte er.

»Nein, nichts ist in Ordnung«, hatte sie geantwortet.

Ihr Erlebnis erinnerte mich an eine Umfrage, die ein Journalist kurz nach dem Vietnamkrieg in Amerika durchführte. Er fragte: »Wie lange, glauben Sie, braucht man, um den Verlust eines nahestehenden Menschen zu überwinden?« Die große Mehrheit der Befragten gab zwischen 48 Stunden und zwei Wochen an!

Wer versucht, die Trauer einfach zu schlucken, kann darüber krank werden. Als wir später über die Stadien der Trauer nachdachten, sagte Helen:

»Manchmal bin ich traurig darüber, daß ich so traurig bin.«

»Nichts ist in Ordnung« – genau so empfand ich meine Situation. »Walter habe ich nicht verloren«, dachte ich. »Ich weiß, wo er ist. Ich habe mich selbst verloren!«Meine Identität als Frau von Walter Trobisch war zu Ende, und auch die Rolle als Mutter seiner Kinder ging zu Ende, je mehr sich die Kinder vom Elternhaus lösten. Wer war ich?

In ihrem Buch *Hour of Gold, Hour of Lead* hielt Anne Lindbergh ihre Gedanken nach der Entführung und Ermordung ihres ersten Kindes fest: »Trauer ist ein großer Gleichmacher. Es gibt da keinen eleganten Weg. Mut ist der erste Schritt, aber den Schlag nur tapfer wegstecken, das ist nicht genug. Stoische Ruhe ist mutig, aber sie ist nur ein Rastplatz auf dem langen Weg. Sie stellt einen Schutzschild dar und ist nur für eine kurze Zeit legitim. Am Ende muß man die Schilde weglegen und offen und verletzbar bleiben. Sonst wird sich Narbengewebe über die Wunde breiten und weiteres Wachstum unmöglich machen. Um zu wachsen, um wiedergeboren zu werden, muß man verletzbar bleiben – offen zur Liebe, aber wohl auch offen für die Gefahr, noch mehr zu leiden.«

Ich hatte in der Tat versucht, so zu tun, als wäre ich tapfer.

»Schäme dich nicht, deine eigenen Bedürfnisse einzugestehen, Mutter«, sagte mir mein ältester Sohn. Warum hing ich so an dem, was vergangen war? War der Schmerz nach Walters Tod größer als der Schmerz, den ich verspürt hatte, wenn wir wegen einer Reise voneinander getrennt waren oder wenn ihn seine Arbeit an einem Manuskript oder ein seelsorgerliches Gespräch in Beschlag nahm?

Und wieder zogen mich Anne Lindberghs Worte an: »Ich glaube nicht, daß Leiden alleine schon weise macht. Dann wäre die ganze Welt weise, da ein jeder Leid erfährt. Zum Leiden muß Trauer kommen, Verstehen, Geduld, Liebe, Offenheit, und der Wille, verletzbar zu bleiben.«

Am 1. August 1980 schrieb ich in mein Tagebuch: »Möge ich den Willen aufbringen, in meiner Trauer verletzbar zu bleiben.«

In Walters Arbeitszimmer hatte ich ein kleines, blaues Tagebuch gefunden, das noch nicht beschrieben war. Seine älteste Tochter hatte es ihm geschenkt. Ich fühlte mich innerlich gedrängt, Walter auf diesen Seiten zu schreiben und ihm meine innersten Gefühle mitzuteilen. Während der folgenden Tage, verließ ich jeden Nachmittag einmal unauffällig unser kleines Häuschen, setzte mich auf die abgelegene Bank, auf der wir so oft gesessen hatten, und verfaßte kleine Liebesbriefe an ihn:

1. August 1980

Liebes!

Ich habe dieses Tagebuch in Deinem Arbeitszimmer gefunden. Ich werde es in den kommenden Tagen und Wochen benützen, um Dir zu schreiben. Ich möchte mit meinen Erinnerungen Frieden schließen, mit den freudigen und den schmerzvollen.

Letzten Monat hatte ich einen seltsamen Traum. Ich hatte es sehr eilig, weil ich unbedingt zum Flughafen mußte. Ich stieg in Dein Auto und startete. Doch als ich die Garagenausfahrt verließ, öffnete sich vor mir ein großes Loch. Ich stürzte und stürzte und konnte nichts dagegen tun, bis der Wagen an einem Hindernis hängen blieb. Ich war gerettet.

Es gibt Zeiten, da bin ich nicht tapfer, sondern möchte bitterlich weinen. Wenn ich weine, weine ich meistens um das, was mir in unserer Ehe entging. Wie oft fühlte ich mich, als würde ich in einen tiefen Graben hinunterstürzen. Manchmal strecktest Du Deine Hand nach mir aus – gerade noch rechtzeitig, um mich vor dem Schlimmsten zu bewahren. Ich denke an all die schlaflosen Nächte, in denen Du schlummernd neben mir lagst. Nach solch einer Nacht fragte mich Daniel einmal: »Was ist dein Konflikt?«

Vielleicht fühle ich mich deshalb gedrängt, Dir zu schreiben: ich möchte einige unserer Konflikte lösen, die ich immer noch empfinde, wenn ich an Dich denke.

Einer davon war die *Zeit*. Du warst Dir selbst immer voraus. Ich war ein wenig hinterher – begierig aufzuholen, ohne es je ganz zu schaffen. Wie oft wollte ich ›das Sakrament des gegenwärtigen Augenblickes‹ genießen, aber Du warst schon im nächsten, schmiedetest schon Pläne für den folgenden Tag. Einer Deiner Lieblingssätze war: ›Es hat geklappt!‹ Und wenn Du abends erschöpft ins Bett gingst, warst Du schon eingeschlafen, noch bevor Dein Kopf das Kissen berührte. Ich blieb zurück. Sogar Sonntag nachmittags, nachdem wir Kaffee getrunken hatten, sagtest Du oft, daß Du noch Briefe diktieren müßtest oder daß jemand auf ein Gespräch mit Dir warte.

Und als ich still auf unserer Bank saß und nochmals durchlas, was ich geschrieben hatte, konnte ich Walters Antwort hören:

»Aber, Ingrid. Du hast mir das doch schon so oft vorgehalten. Bist Du nicht froh, daß Du einen Mann hattest, der die Zeit zu nutzen wußte? Zeit muß eingeteilt werden, wenn sie wertvoll sein soll. Ich habe versucht, dort zu sein, wo ich gebraucht wurde und das zu tun, zu dem ich mich geführt fühlte, und von dem wir gemeinsam beschlossen hatten, es zu tun. Du bist ungerecht.

Habe ich dir nicht immer und immer wieder versichert, daß Du bei mir bist – in jeder Zeile, die ich formulierte, in jedem Vortrag, den ich hielt, in jedem Brief, den ich schrieb. Männer sind anders als Frauen. Was Männer völlig zufriedenstellt, sie ausfüllt, ihnen Frieden gibt, ist für ihre Frauen oft erst der Anfang. Dies gilt sowohl für seine Arbeit – denn wenn ein Mann seine Arbeit liebt, liebt er auch sich selbst – wie für seine sexuelle Liebe.

Ich konnte den verletzten Blick in Deinen Augen sehen. Da war das kleine Mädchen, das von mir getröstet werden wollte. Und ich brauchte Dein Verständnis. Manchmal wärst Du am liebsten eines meiner Seelsorgekinder gewesen. Doch ich wollte das nicht. Ich wollte eine heitere, fröhliche, unkomplizierte Frau. Warum fiel Dir das so schwer? Warum denkst Du nur an die harten Zeiten und vergißt die guten? All unsere Familienfeiern, die Konfirmationen, Geburtstagsfeste, die fünfzehn wunderbaren Weihnachtsfeste auf dem Lichtenberg? Glaubst Du, der Teufel weiß, wie man feiert?

Verstehst Du nicht, daß Du selbst jetzt, wenn ich nicht mehr bei Dir bin, unser ›irdisches Zelt‹ zu Seiner Herrlichkeit benützen kannst – als einen Ort, an dem Du und unsere Kinder und viele andere Frieden finden und gestärkt werden können. Unser kleines Haus, das ganz uns gehörte, war eines der wertvollsten Geschenke Gottes in unserer Ehe, und er ist damit noch nicht fertig.«

Liebes!

Heute hat mich Dein Bruder besucht. Ich habe ihm die Photoalben gegeben, die Deine Eltern von Euren Familienausflügen so liebevoll zusammengestellt haben.

Als ich Klaus fragte, warum alle Briefe, die Du als junger Mann geschrieben hast, nur an Deine Mutter gerichtet sind, sagte er, daß zwischen Dir und Deinem Vater nicht das tiefe Verständnis herrschte wie zwischen Dir und Deiner Mutter. Du kritiziertest ihn oft. Du hattest nicht viele nahe Freunde. Es schien so wenige zu geben, die Deinem hohen Standard genügen konnten. Mit einigen unserer besten Freunde bist Du manchmal sehr taktlos und verletzend umgegangen. Ich denke zurück an die letzte Woche Deines Lebens und wie bekümmert Du warst, weil Du merktest, wie sehr sich Deine eigenen Söhne von den Schnüren lösten, die sie an den Vater-Pfahl banden ...

»Ingrid, meine treue Frau, die zu mir hielt durch dick und dünn! Es stimmt – ich hatte eine ganz besondere Beziehung zu meiner Mutter, und wir waren uns sehr ähnlich. Durch sie habe ich gelernt, Frauen zu respektieren, und fühlte mich nicht von ihnen bedroht. Ich erkannte, daß meine Mutter tiefere Einsicht in Probleme und auch in die damaligen politischen Verhältnisse hatte als mein Vater. Deshalb konnten mein Vater und ich nicht immer einer Meinung sein. Es stimmt auch, daß ich anderen Männern manchmal scharf und kritisch gegenübergestanden bin, aber wenn ich nicht mit Dir über meine feindseligen Gefühle reden konn-

te, mit wem dann? Du solltest die anderen nicht vertei-
digen, Du solltest nur sagen, daß Du meine Gefühle
verstehen kannst.

Bedenke auch bitte, daß ich dazu berufen war, für
viele dieser Männer ein Seelsorger, ein Nathan zu sein.
Oft konnte ich ihnen nur durch einen Schock aus ihrer
Gleichgültigkeit und aus ihrem Rationalismus her-
aushelfen, wenn es um Sünde ging. Manche liefen davon, aber andere kamen zurück, nachdem sie sich
zum Gehorsam gegenüber Gottes Wort durchgerungen
hatten. Ich mußte auch für meine eigenen Söhne stark
sein – wie der Pfahl, an dem der kleine Baum angebun-
den ist, damit er stark werden und gerade wachsen
kann und nicht vom ersten Windstoß umgeworfen
wird. Denke auch an alle unsere afrikanischen Söhne
– Emanuel, Jean, Justin, Pierre, Joseph – und viele andere, die treue Zeugen sind in ihren Ländern. Habe ich
nicht auch Fortschritte gemacht, und habe ich nicht in
jenen letzten Jahren, Monaten und Wochen allmählich gelernt, meine tiefen Gefühle besser auszudrük-
ken? Versuche es mit Deiner Milde besser zu machen,
aber vergiß nicht, daß Du manchmal auch einen ver-
dorrten Zweig wegschneiden mußt.«

9. August

Liebes!

Heute gab mir Wolfgang die Briefe, die Du Deiner
Mutter als 19-jähriger von der russischen Front geschrieben hast, und die Gedichte, die 1942 ihr Weih-
nachtsgeschenk waren. Diese kleinen Papierfetzen in

Deiner Tasche, auf denen Du mit Bleistift Deine Gedichte gekritzelt hattest, hielten Dich am Leben.

Ich konnte viele Deiner tiefen Gefühle plötzlich nachempfinden, die mir in meiner »Andersartigkeit« oft verschlossen geblieben waren – nicht nur am Anfang unserer Ehe. Du hast einmal lachend gesagt – noch bevor wir verlobt waren – »Ich bin der Herr über mein Herz«. Ich nehme an, Du mußtest es auch sein als ein junger, lediger Vikar in Deutschland, wo nach dem Krieg auf jeden Mann sieben Frauen fielen. Ich liebte Dich, weil ich Dich respektieren konnte. Denn Liebe braucht Respekt. Aber oft konnte ich Deine Gefühle nicht erkennen.

An jenem letzten Abend warst Du enttäuscht, weil manche unserer besten Freunde sich nach unserer letzten Reise immer noch nicht gemeldet hatten. »Gibt es denn irgendjemand auf dieser Welt, der mich lieb hat?« hast Du gefragt.

Es war die Sehnsucht des Kindes, das sich verletzt hat und in den Armen der Mutter getröstet werden will; es war die Sehnsucht des verwundeten Soldaten, und es war die Sehnsucht des reifen Mannes, der Liebe und Verständnis sucht.

Einer Deiner Lieblingsverse war immer Jesaja 66,13: »Wie eine Mutter ihren Sohn tröstet, so tröste ich euch; in Jerusalem findet ihr Trost.« Jetzt hast Du Trost gefunden. Der fröhlichen, bedingungslosen Liebe Deiner Mutter, aber auch der vorausschauenden Fürsorge Deines Vaters hattest Du Deine Selbstsicherheit und Selbstannahme zu verdanken – zwei Eigenschaften, die es Dir erst ermöglichten, anderen zu helfen.

Und noch eine letzte Frage: Wäre nicht eine andere Frau für Dich besser gewesen – vielleicht jener zierliche, dunkelhaarige Typ wie Deine Mutter? Warum fiel es mir so schwer zu glauben, daß Du mich liebst? Warum? Und wieder habe ich diesen Kloß im Hals.

10. August

Liebes!

Mein lieber Partner, den ich zurücklassen mußte, als ich zu meiner letzten großen Reise aufbrach. Denk daran, daß ich Dir mein volles Vertrauen geschenkt habe, wenn ich von zu Hause fort mußte, um Seminare zu halten, oder eine Vortragsreise antrat. Ich habe Dir immer und immer wieder versichert, wie froh ich bin, eine Frau zu haben, die wichtige Entscheidungen selbständig treffen und unabhängig von mir handeln kann. Ich habe Dich geheiratet, weil ich mir keinen anderen Partner vorstellen konnte, der sich auf mich einlassen und treu zu mir halten würde.

Du hast recht – Du warst nicht wie meine Mutter. Ich wollte auch keine zweite Mutter. Ich wollte eine Frau. Gerade weil ich so eine wunderbare Mutter hatte, konnte ich Dich um so mehr lieben. Schau in den Spiegel und sage: »Ich bin eine schöne Frau. Mir gefällt, was ich sehe.« Und geh dann auf Deinem Weg weiter. Denke daran, daß sich andere nach Deiner Liebe sehnen. Ich habe Dich geliebt, und ich habe versucht, es Dir, so gut ich konnte, zu zeigen, aber du warst nicht immer in der Lage, das anzunehmen, weil Du Dich selbst nicht immer annehmen konntest. Hör auf, schlecht über Dich zu denken. Christus hat nicht schlecht über Dich gedacht, hätte er sonst sein Leben für Dich gegeben?

Ich habe versucht, ein Vater zu sein – liebevoll, aber auch streng – sowohl für die eigene Familie wie auch für diejenigen, die bei mir geistliche Hilfe suchten.

Vergib mir meine Fehler und vergiß sie dann. Sich eine vergebene Sünde wieder auf die Schultern laden, heißt, eine neue Sünde begehen.

Steh jetzt auf – nimm Deinen Stab und geh. Der Herr hat Dir verheißen: Ich werde einen Engel vor dir her senden, der dich auf dem Weg und zu dem Platz führen soll, den ich für dich vorbereitet habe. Seine Nähe wird mit dir sein, und ER wird dir Ruhe schenken.

Ich setzte meinen Dialog mit Walter in dem kleinen, blauen Tagebuch fort. Manchmal erzählte ich Wolfgang von meinen Gedanken. Er zitierte Wilhelm Raabe: »Wenn der Künstler schafft, dann hat er weder Weib noch Kind, und schon gar keine Freunde.« Das Wort tröstete mich, wenn ich an meine einsamen Zeiten dachte, wenn Walter ›schöpferisch‹ war.

Am Jahrestag von Walters Beerdigung ging ich an sein Grab und schrieb hinterher den letzten Eintrag in das blaue Büchlein:

Heute ist es ein Jahr her, daß wir Deinen irdischen Körper zur letzten Ruhe gebettet haben. Ich möchte Dir für Dein Leben danken und für alles, was Du mir gegeben hast, für Deine treue Liebe dreißig Jahre lang, von dem Zeitpunkt an, als Du bei meiner Aussendungsfeier in der überfüllten Kirche standst. Ich bin mit Ehrfurcht erfüllt, wenn ich unsere »prächtigen« Kinder sehe. Du lebst für mich in jedem Kind weiter und in jedem Enkelkind.

Heute stand ich an Deinem Grab, aber Du warst nicht dort. Ich ging zu unserer Bank – aber ich fand nur Erinnerungen.

Mir fällt es schwer zu glauben, daß Vater uns schon vor einem Jahr verlassen hat. Er steht mir innerlich und geistlich näher als je zuvor. Wie ein helles Licht, das in der Ferne leuchtet, zeigt er mir den Weg. Er ist für mich ein Symbol für die »unerfüllten Wünsche«, von denen er oft sprach. Denn dadurch, daß er uns körperlich unerreichbar geworden ist, weist er auf eine andere Quelle, die alle unsere Bedürfnisse stillen kann.

Katrine Trobisch-Stewart
Neu Delhi, Indien

8. Kapitel

Eine Verheißung der Freude

Meine Tochter Katrine lud mich ein, einige Wochen bei ihr und ihrer Familie in Neu Delhi, der Hauptstadt Indiens, zu verbringen. Ihr Mann David unterrichtete am Gymnasium der amerikanischen Botschaft. »Außer um Deine beiden Enkeltöchter brauchst Du Dich um nichts zu kümmern«, schrieb sie mir. Diesem verlokkenden Angebot konnte ich nicht widerstehen. Ich änderte meine Pläne und buchte für Mitte Dezember einen Billigflug der Aeroflot, der russischen Fluggesellschaft, nach Neu Delhi. Zwei Monate wollte ich bei ihnen bleiben.

Nur sehr selten finde ich bei solch langen Nachtflügen Schlaf. Ich bin aufgeregt und genieße die Zeit »dazwischen«, wenn man eine Welt verlassen hat und sich auf das Erlebnis der neuen Umgebung freut. Ich dachte zurück an die vergangenen, intensiven Wochen, an denen ich bei mehreren FLM-Seminaren in Deutschland und Österreich mitgearbeitet hatte. Es war mir so unsagbar schwer gefallen. Aber Gott hatte die Saat, die wir aussäten, reich gesegnet, und sie war aufgegangen. Wie oft hatte ich Walters Hand auf meiner Schulter gespürt: »Mache weiter, du schaffst es. Tu den nächsten Schritt.«

Wolfgang Caffier war noch bei uns, als Walters Grabstein aufgestellt wurde. Bevor er nach Dresden zurückkehrte, hielt er am Grab eine kurze Andacht über Jeremia 29,11: »Ich kenne meine Pläne, die ich für euch habe, Pläne des Heils nicht des Unheils; denn ich will euch eine Zukunft und eine Hoffnung geben.« Dieses starke Gotteswort war mir in den vergangenen Monaten oft begegnet: ». . . eine Zukunft und eine Hoffnung« wurde mir darin versprochen. Es war jetzt Zeit, die Vergangenheit wirklich loszulassen und in die Zukunft zu schauen.

Ich flog die ganze Nacht nach Osten, in die Richtung der aufgehenden Sonne. Als das Flugzeug in der Morgendämmerung auf der Rollbahn in Neu Delhi aufsetzte, spürte ich eine Woge der Freude in mir aufsteigen. Sprüche 4,18 kam mir in den Sinn: »Der Weg des Gerechten strahlt wie das Licht am Morgen, das immer heller leuchtet bis zum vollen Tag.«

Ich war noch mit den Zollformalitäten beschäftigt, als ich Katrine mit ihren beiden Töchtern entdeckte. Christine war dreieinhalb Jahre alt und Virginia um zwei Jahre jünger. Sie winkten mir eifrig zu. Das ist meine Zukunft und meine Hoffnung, ging es mir unweigerlich durch den Kopf. Auch Walter hatte diese Freude noch erfahren. Während der letzten Tage unseres USA-Aufenthaltes hatte er unsere beiden Enkeltöchter im Arm gehalten und gesegnet.

Katrine und ich saßen Hand in Hand im alten, aber eleganten schwarzen Taxi, das ein Sikh geschickt durch den Verkehr steuerte. Die beiden Kinder kletterten auf unsere Schöße und freuten sich über das Wiedersehen.

Meine müden Augen waren von der Farbenpracht überwältigt – das dunkle Grün der Blätter stand in einem wunderschönen Kontrast zu den leuchtend orangeroten Blumen und den zarten Lavendelblüten. Sogar die Erdtöne und die Steine schienen zu leben. Ich kam mir vor, als hätte man mich aus einer grauen Welt herausgehoben – im Dezember ist Wien tatsächlich eintönig grau – und in eine Welt gestellt, die von Farben und Sonnenschein zu bersten drohte.

Katrine und David hatten eine große Wohnung auf dem Schulgelände. Ihr Gästezimmer war liebevoll vorbereitet. Ein wunderschöner Strauß roter Rosen stand auf dem kleinen Schreibtisch neben dem Schaukelstuhl, ich fühlte mich sofort wohl.

Zwischen zwei Unterrichtsstunden begrüßte mich mein Schwiegersohn David herzlich. Dann legte ich mich hin und fiel sofort in tiefen Schlaf. Ich hatte einen merkwürdigen Traum:

Ich trage ein Baby auf meinem Arm. Es weint und ruft nach Walter. Eine wichtige Konferenz soll in wenigen Minuten stattfinden, und alle Räume sind voll von Leuten. Ich kannte einige und bat sie, mit mir meinen Mann zu suchen. Ich rief und rief nach Walter, aber er kam nicht. Wahrscheinlich führt er gerade ein seelsorgerliches Gespräch, dachte ich.

Als ich später Katrine und David von diesem Traum erzählte, wurde mir bewußt, daß das Baby ein Symbol für Family Life Mission war. Würde es ohne Walter überleben?

Nur was wächst, lebt. Wachse ich? In der geborgenen Atmosphäre im Hause meiner Tochter begann ich mich zu entspannen und ruhte von den Anstrengungen der vergangenen Monate aus. Ich fühlte mich schon überfordert, wenn ich eine Postkarte schreiben sollte. Die Krankenschwester der Botschaft erklärt mir, daß ein gewisses Maß an Streß gesund ist. Nur dann können wir unser Bestes geben. »Aber es gibt auch Zeiten, in denen wir unseren Wurzeln Regen gönnen müssen.«

Und lesen schien mir eine ausgezeichnete Möglichkeit dazu zu sein. Zum ersten Mal fiel mir Eleanor Roosevelts Biographie in die Hände. Einem ihrer Hausangestellten erklärt sie, daß er seiner Frau jeden Tag auf irgendeine Weise zeigen soll, daß sie die wichtigste Person in seinem Leben ist. Mir wird bewußt, daß ich seit Walters Tod niemanden mehr habe, für den ich die wichtigste Person bin. Ich bespreche meinen Schmerz mit Katrine. Weise ermahnt sie mich, daß ich wieder lernen muß, wie ein junger Mensch zu leben: mit unerfüllten Wünschen.

Wir unterhalten uns über die Vorwürfe, die wir uns während unserer Trauerzeit gemacht haben. Diese ewigen Selbstvorwürfe können genauso eine Sackgasse sein wie Selbstmitleid. Es ist, als ob man sich selbst schlägt in der Hoffnung, das Geschehene ungeschehen machen zu können. Anne Lindbergh schreibt:

»Sich Vorwürfe machen heißt, sich selbst betrügen, und wer Erinnerungen nachhängt, sich an Überbleibsel und alte Photographien klammert, der lebt von Illusionen. Wie das Essen, das einem im Traum angeboten wird, wird es den Hunger nicht stillen, Wachstum oder Wiedergeburt wird daraus nicht kommen.«

Als wir auf einer Bank im Park saßen und Christine und Virginia beim Spielen zusahen, las ich Katrine aus unserem Ehedialogbuch vor. Kurz vor unserer letzten Reise hatten wir uns die Frage gestellt: »Wenn mich jemand wirklich verstehen will, was sind die zehn wichtigsten Dinge, die er von mir wissen muß?« Walter notierte:

1. Daß ich schon oft bereit war zu sterben. Daß das diesseitige Leben für mich zweitrangig, wenn nicht bedeutungslos ist.

2. Daß ich im Grunde kein Kämpfer und Angreifer bin, sondern eher ein ›Spitzweg‹-Typ – ein zurückgezogener Genießer und Zuschauer.

3. Daß ich völlig von Gott abhängig bin und mich dem Leben nur stellen und es ertragen kann, weil ich nicht davon abhängig bin.

4. Daß ich ständig Angst vor der Übermacht der Organisation habe, sei es Behörde, Kirche oder Staat. Ich liebe und brauche meine Freiheit.

5. Daß mir meine Frau und meine Kinder mehr bedeuten als irgend ein anderer Mensch und daß meine Beziehung zu ihnen nur durch die Beziehung zu Jesus Christus übertroffen wird.

6. Daß ich nur wirklich glücklich bin, wenn ich schöpferisch sein kann und daß mir dann die selbstgewählte Einsamkeit streckenweise wichtiger ist als Gemeinschaft.

7. Daß ich anderen gerne helfe, innerlich und äußerlich.

8. Für mich ist Sexualität nur eine Möglichkeit der Freude neben anderen, nur eine von vielen Arten, seine

Liebe auszudrücken. Für mich ist sie aber nicht grundlegend.

9. Daß ich Geborgenheit, Gemütlichkeit, Überschaubarkeit, Ordnung und Regelmäßigkeit liebe und mich mehr nach Tiefe als nach Weite sehne. Das Paradox ist: Dadurch, daß mir Tiefe gelingt (ich denke an die Bücher), wird mir immer mehr die Last der Weite zuteil.

10. Daß ich immer die rechte Perspektive verliere, wenn ich nicht genug geschlafen habe, und daß ich nicht genug schlafen kann, wenn ich die rechte Perspektive verloren habe. Ein Teufelskreis.

Walter und ich führten viele Jahre lang ein »Dialogbuch«. Jeden Tag stellten wir uns eine Frage und schrieben unsere Antworten in dieses Heft. Dann lasen wir, was der andere aufgeschrieben hatte, und sprachen darüber. Die Idee hatten wir auf einem Eheseminar der ›Marriage Encounter‹-Bewegung in den USA kennengelernt. Die erste Frage, die wir auf diese Weise beantworteten, lautete: »Warum nimmst du an diesem Seminar teil?« Ich schrieb spontan nieder: »Um etwas für unsere Ehe zu lernen.« Walter schrieb als erstes: »Um anderen besser helfen zu können.«

Eine andere Frage lautete: »Was war die glücklichste Zeit in eurer Ehe?« Ich war völlig erstaunt, als ich Walters Antwort las: »Als ich Dein Buch *Mit Freuden Frau sein* ins Deutsche übertrug.« Damals lag ich im Krankenhaus und erholte mich von einer Operation. Jeden Morgen arbeitete er an der Übersetzung, und am Nachmittag las er mir dann am Krankenbett seine erste Fassung vor. Für ihn waren leere Seiten Papier und ungestörte Zeit der Inbegriff des Glücklichseins.

Walter konnte auch mit wenig Worten viel sagen. In meinen Papieren fand ich eine Postkarte, die er mir aus Mannheim geschickt hatte, als er dort an seiner Doktorarbeit schrieb. Ich war mit den Kindern in Österreich. Eine junge Krankenschwester hatte sich ratsuchend an ihn gewandt, und er hatte ihr helfen können:

»Da waren zwei Dinge in diesem Fall, die mich sehr getröstet haben: 1. Unsere wunderbare Zusammenarbeit und Einheit im Geist, um ihr als Beraterteam zu helfen. Ohne Deine beiden Briefe an sie hätte die ganze Operation nicht in der Zeit durchgeführt werden können, die sie benötigte. 2. Eine neue Gewißheit über ›meine‹ Botschaft der Seelsorge und Beichte, die für mich untrennbar mit Eheberatung verbunden ist. Hier ist der Schlüssel und die einzige Erklärung für die vielen Übersetzungen von *Ich liebte ein Mädchen*. Ich habe kein schlechtes Gewissen mehr über diese ›Zeitverschwendung‹. Gott wird Zeit geben für Seinen Dienst, zu dem er uns berufen hat.«

Das war 1965. Die junge Krankenschwester, um die sich Walter damals gekümmert hatte, hatte mir später geholfen, Walters sterbenskranke Mutter zu pflegen und zu versorgen.

Zu unserem letzten Hochzeitstag am 2.6.1979 hatte mir Walter folgende Zeilen geschrieben, die ich in mein Tagebuch eingeklebt habe:

»Meine liebe Ingrid, Du bist das Kostbarste, was ich auf dieser Welt habe. Und ich danke Dir immer wieder neu, daß Du den weiten Weg der 27 Jahre durch Höhen und Tiefen mit mir gewandert bist und nie aufgegeben hast. Vor allem aber danke ich Dir für

Deine Barmherzigkeit mit meinem Schwachsein und Deine Geduld mit all meinem Unvermögen. Es scheint so, als seien wir ärmer geworden im letzten Jahr – ärmer um ein Kind und auch im Miteinander. Aber liegt nicht auch im gemeinsamen Tragen und Annehmen der Armut ein Reichtum, eine neue, tiefere Dimension unserer Ehe?

In Treue verbunden, Dein Dich liebender Mann.

Es ist Weihnachten. Zum ersten Mal seit fünfzehn Jahren bin ich nicht am Lichtenberg. »Walter ist diese Weihnachten zu Hause«, schreibt mir ein treuer Freund. Im Dezember 1942 schrieb Walter von der russischen Front an seine Mutter: »Meine größte Sehnsucht ist, nach Hause zu kommen in das Königreich der Liebe.«

Wenige Monate vorher hatte er Polen auf dem Weg zur russischen Front verlassen. Er schrieb in sein Tagebuch: »Nie zuvor habe ich die Nähe Christi so gespürt wie gestern, als ich zum Bahnhof ging. Er ging neben mir, deutlich und ernst. Er war in mir – Er ging vor mir her – ja, Er beschützte mich sogar von hinten.«

Wenn Christus das vor vierzig Jahren tun konnte, dann konnte Er es jetzt auch für mich tun.

Eine Freundin schrieb mir: »Ingrid, es ist nicht Deine Aufgabe, das Vergangene zu erhalten, sondern weiterzugehen in Richtung Himmel. Löse Deinen Blick von der Erde weg und richte ihn auf den Himmel!«

Während dieser stillen Wochen in Neu Delhi veränderte sich vieles in mir. Ich erklärte Katrine und David, daß ich keinen Ehrgeiz hätte, als Tourist durch Indien zu reisen. Außer einem Ausflug zum Vogelparadies in

Bharatour, verbunden mit einer Busreise nach Agra, um das Taj Mahal zu bewundern, blieb ich in Neu Delhi. Die regelmäßigen Spaziergänge mit meinen Enkeltöchtern öffneten meine Augen für Farben wie noch nie zuvor. Ich entdeckte jenen Lavendel-Farbton am Abendhimmel, die Erdtöne der Steine, die einen Kontrast zu dem tiefen Grün der Blätter bildeten, das helle Grün der Eukalyptusbäume, den exquisiten Geschmack und die Farben in den Kleidern der indischen Frauen. Meine Welt, die so lange Zeit grau gewesen war, explodierte förmlich vor Farben. Katrine machte mir Mut, auf Leinwand festzuhalten, was ich sah. Wir skizzierten und malten zusammen. Ich habe dadurch etwas Neues entdeckt, das mir in den kommenden Monaten und Jahren noch viel Freude machen sollte.

In zwei Wochen würde ich nach Europa zurückkehren. Bis ans Jahresende war meine Zeit schon verplant. Ich hatte Vorträge und Seminare in Nord- und Süddeutschland zu halten. Eine Reise in die DDR war fest versprochen, und im August erwartete mich ein Dienst in Ghana, wo ich mit unserem afrikanischen Team zusammenarbeiten würde. Und danach sollte es in die Vereinigten Staaten gehen.

Mein jüngster Sohn, Stephen, schrieb mir aus Wien: »Man lebt im Augenblick, auch wenn er unaufhaltsam ist. Aber wie schlimm wäre es erst, wenn man ihn verlangsamen oder verschnellern könnte. Es ist die Liebe Gottes, die uns durch alle Zeiten hindurch trägt, unaufhaltsam, als die stärkste Macht.«

David und Katrine beschlossen, ihre internationalen Freunde zu einem Hausball einzuladen. Sie räumten die Möbel aus ihrem geräumigen Wohnzimmer und schmückten die Räume mit Blumen. Katrine kochte österreichische Spezialitäten. Und als dann der Donauwalzer erklang, forderte mich David zum Tanz auf. Es war wie im Traum.

Ein indischer Gast fragte mich im Gespräch: »Was ist Ihr Geheimnis? Sie strahlen etwas aus, das ich noch nie bei Frauen aus dem Westen gesehen habe; ich würde es Souveränität nennen.«

Ich faßte das als Bestätigung auf. Souveränität, das heißt für mich, ein wenig über seinem Leid stehen.

Als ich mich auf meine Abreise vorbereitete, bedankte ich mich noch einmal herzlich für diesen wunderschönen Abend.

»Ich habe es im Gedenken an meinen Vater gemacht«, antwortete Katrine. »Er hat mir gezeigt, wie man einen solchen Abend plant und gestaltet.«

Für mich war dieser Abend wie das Licht am Ende eines Tunnels. Ich begriff langsam, daß mein Leben nicht mit Walters Tod endete. Meine Kinder und Enkelkinder gaben mir Freude und Hoffnung für die Zukunft.

Wenn eine Witwe es nicht schafft, sich an ein Leben allein anzupassen, kann man beim besten Willen nicht von ihr erwarten, sich wieder an ein Leben zu zweit anzupassen.

»Heirat in Eile – bereue mit Weile«, trifft nicht nur auf junge Leute zu.

Heirat ist nie ein »Ausweg«. Vielmehr sollte sich ein Paar in jedem Alter fragen, ob sie gemeinsam für Christus mehr leisten, als sie alleine hätten leisten können. . . . Menschen, die nur mit ihren eigenen Problemen beschäftigt sind, können anderen bei der Lösung ihrer Probleme wenig Hilfe bieten.

Wer nie aus der Trauer herauswächst, erweist seinem Partner keine Ehre. Wieder heiraten ist vielleicht das höchste Kompliment, das man dem verstorbenen Lebenspartner machen kann. Man drückt damit aus: »Ehe ist gut. Ich möchte wieder diese wunderbare Art des Zusammenlebens teilen.«

Wenn eine Frau die Entscheidung Gott überlassen kann, ob sie alleine oder verheiratet weiterleben soll, ist sie die freieste Kreatur in Gottes Schöpfung.

Weil sie abhängig ist von Gott, ist ihr Wohlbefinden nicht von einem irdischen Verhältnis abhängig. Falls sie wieder heiratet, kann sie es tun als ganzer Mensch – nicht nur als jemand, der eine Lösung zu seinem persönlichen Problem sucht.

Judith Fabisch
in »Not ready to walk alone«

9. Kapitel

Noch einmal heiraten?

»Ein Teil von dir ist mit Walter begraben; ein Teil von Walter lebt in dir weiter«, sagte mir meine Freundin ein Jahr nach Walters Tod. Wenn das stimmte, und ich war überzeugt, daß es stimmte, könnte ich je ernsthaft eine zweite Heirat erwägen?

Dr. Theo Bovet, der unser Eheberater war, schrieb in seinem letzten Buch: »Die ständige Vertiefung der ehelichen Beziehung überlebt die erotische Gemeinschaft und kann im Alter besonders strahlen. Sie strahlt über die Stunde des Todes hinaus und schenkt die seltsame Gewißheit, daß die Ehe nicht mit dem körperlichen Tod endet.« (*Mensch sein*, Katzmann Verlag).

Mein ältester Sohn Daniel schrieb mir: »Schäme Dich Deiner Bedürfnisse nicht, sondern lerne, auf sie zu hören und sie still zu akzeptieren. Das wird Dir Frieden geben, wenn Du anderen zuhörst. Habe keine Angst, deine Nöte offenzulegen. Das Alter spielt eine kleinere Rolle, als Du vielleicht denkst. Du hast ein Recht auf Deine Nöte.«

Erst nach vielen Jahren Ehe habe ich gelernt: Kein Mann wird je in der Lage sein, die tiefste Sehnsucht einer Frau nach Liebe, Schönheit und Geborgenheit vollkommen zu befriedigen. Das »kleine Mädchen« in meinem Herzen wollte getröstet werden, und ich konnte nicht verstehen, warum mein Mann, der so vielen anderen helfen konnte, nicht auch mir helfen sollte.

Als mein Vater 1943 in Dar es Salaam in Tanzania starb, war ich erst sechzehn, und in den folgenden, wichtigen Jahren mußte ich ohne die liebevolle Bestätigung eines Vaters auskommen. Ich kann mich nicht erinnern, geweint zu haben, als ich die Nachricht von seinem plötzlichen Tod erhielt. Ich dachte vielmehr, daß es nun meine Aufgabe sei, meine Mutter und die jüngeren Geschwister zu trösten. Für mich war mein Vater ein Held. Ich wollte wahrscheinlich auch heldenhaft sein.

Dreißig Jahre später sah ich im Fernsehen den amerikanischen Spielfilm *A tree grows in Brooklyn*, die Geschichte eines Mädchens, das den plötzlichen Tod ihres Vaters erlebte. Ich war alleine zu Hause. Als ich den Schluß sah, in dem das Mädchen um ihren Vater weinte, brach ein Damm in meinem Herzen. Nichts hielt mehr den aufgestauten Schmerz um meinen Vater zurück. Im Nachhinein erkenne ich, daß dieses Erlebnis eine Vorbereitung war auf den Verlust meines Lebenspartners ein paar Jahre später. Wie hätte ich je um Walter trauern können, wenn ich noch nicht um meinen Vater getrauert hatte?

Als Walter starb, war mir klar, daß die Wunde zuerst verheilen mußte, bevor ich in der Lage war, mich auf eine neue Beziehung einzulassen. Die Versuchung, den geliebten Partner durch einen anderen zu ersetzen, ist im ersten Jahr nach dem Verlust am stärksten. Wie soll man das Alleinsein ertragen, ohne wenigstens zu erwägen, daß ein anderer seinen Platz einnehmen könnte?

Einige Jahre zuvor hatten Walter und ich ein Arztehepaar kennengelernt. Die Frau starb nach langer Krankheit. Der Mann schrieb mir einen Beileidsbrief, als Walter starb, und versicherte mir, daß ich auf seine freundschaftliche Hilfe und sein Verständnis zählen konnte. Wir verabredeten uns einmal im Juni in Mannheim und gingen im Louisenpark, einer der schönsten Parkanlagen Europas, spazieren. Einen Monat später lud er mich zu sich nach Hause ein. Es war ein kühler, verregneter Sonntagnachmittag. Ein Feuer brannte im offenen Kamin, die große Wohnung war aufgeräumt und gemütlich. Er bot mir den bequemen Sessel an, in dem seine Frau immer gesessen hatte, und legte seine Lieblingsplatte auf, ein Violinkonzert von Bach. Wir tranken zusammen Kaffee und unterhielten uns offen.

Es war wie im Traum. Hier saß ich nun, fühlte mich glücklich und geborgen bei einem Mann, den ich hoch achtete. Er hatte ein ausgezeichnetes Essen für uns vorbereitet. Nachher, bei einem Glas Wein boten wir uns das Du an, ehe er mich an meinen Zug brachte.

Wir schrieben uns gelegentlich. Dann tauchte er eines Tages unangemeldet vor meiner Haustüre am Lichtenberg auf. Es war ein sehr ungelegener Zeitpunkt, da ich an diesem Nachmittag Gäste hatte. Wir tranken zusammen Kaffee, er saß in Walters Stuhl im Wohnzimmer. Es schien zwar alles in Ordnung, aber ich wurde das Gefühl nicht los, daß unsere Freundschaft keine Zukunft hatte. Ich lud ihn zu einer internationalen Konferenz ein. »Nein«, lehnte er ab. »Das ist nichts für mich. Ich möchte mich in meinen vier Wänden begraben.«

Einige Monate später – wir hatten ab und zu telefoniert und Grüße ausgetauscht – schrieb er mir, daß er sich nicht in der Lage fühle, unsere Beziehung zu vertiefen. Es tat mir weh, weil ich gerade begonnen hatte, etwas für ihn zu empfinden. Es schien mir, daß er alle seine Energie aufbrachte, um seine Gefühle zu verdrängen, weil sie ihm lästig waren und seine Welt durcheinanderzubringen drohten.

Lieben heißt immer, ein Stück Sicherheit aufgeben und ein Risiko eingehen.

Dieses Erlebnis hat mir wieder die schönen und die schmerzlichen Seiten vor Augen geführt, die eine Freundschaft mit sich bringt. Wie angenehm war es, wieder von einem Mann betrachtet zu werden. Ein Mann verliebt sich in das, was er sieht; eine Frau in das, was sie hört. Aber Liebe beruht auf Gegenseitigkeit. Wer in einer Freundschaft weniger Liebe gibt als nimmt, ist wie ein Dieb. Wer mehr gibt, ist wie ein Mörder. Der eine verblutet und der andere wird erdrosselt. Er läuft Gefahr, in einen Sog zu geraten, in dem er endlos nach unten gezogen wird. Was kommen sollte, kommt nicht. Es gilt, zu lieben und doch verletzbar zu bleiben. Die Kraft dazu erwächst aus der Liebe zum anderen und nicht aus der Liebe zu sich selbst. Das Geheimnis ist, nicht ständig etwas »zu brauchen« sondern einfach »zu sein«.

Als Walter starb, dachte ich, daß ich nie wieder einen Mann lieben könnte, weil ich den Schmerz, ihn zu verlieren, nicht ertragen könnte. Aber allmählich lernte ich, daß wir die Toten nicht ehren, indem wir uns mit ihnen begraben lassen. Wir ehren sie, indem wir für sie weiterleben.

Ich glaube, das Erlebnis dieser kurzen Freundschaft hat mir geholfen, meine nächsten Schritte ein wenig abgeklärter und vorausschauender zu tun. Mir fiel das erste Exemplar von Walters Buch *Mit unerfüllten Wünschen leben* in die Hände, in das er eine Widmung eingetragen hatte, die ich bis dahin noch nicht gelesen hatte: »Für meine Frau, die wie keine andere, die ich kenne, die Kunst gemeistert hat, ein erfülltes Leben zu führen trotz vieler unerfüllter Wünsche.«

Ich dachte an einen Pfarrer, den ich auf einem unserer Eheseminare in Deutschland kennengelernt hatte. Seine erste Frau war nach 25 Ehejahren gestorben. Wenige Monate später heiratete er zum zweiten Mal. Seine Freunde atmeten auf, es schien alles wieder in Ordnung.

Aber es war eben nicht alles in Ordnung. Er hatte nach dem Tod seiner Frau keine Anzeichen von Trauer gezeigt, und die Kinder konnten ihn nicht verstehen. Drei Jahre später nahm er mit seiner zweiten Frau an einem unserer Eheseminare teil. Im Verlauf der Woche sollten sie über folgende Fragen reden: »Was verbindet uns am meisten? Was trennt uns am meisten?« Seine Frau war ganz offen und sagte ihm: »Du hast Deine Trauer um Deine erste Frau nie mit mir geteilt. Und das steht zwischen uns.« Als wir miteinander sprachen, geschah das Wunder. Er begann von seinem Schmerz zu sprechen, und seine verdrängten Gefühle brachen hervor. Es war, als ob eine Eiterbeule platzte. Erst nachdem dies geschehen war, konnte die Wunde gereinigt und verbunden werden – und heilen.

Wer seinen Partner durch Tod oder Scheidung verliert, erlebt dies als einen wesentlichen Einschnitt in seinem Leben. Nicht nur der fehlende Gesprächspartner, auch die fehlende körperliche Gemeinschaft verlangt eine Umstellung. Für den Christen bedeutet es unwillkürlich eine Zeit des sexuellen Fastens. Wahre sexuelle Intimität fordert den ganzen Menschen, körperlich, gefühlsmäßig und geistig. Die Gabe der Sexualität ist uns als wunderbares Mittel zur Kommunikation gegeben. Ein billiges körperliches Erlebnis ohne emotionalen und geistigen Inhalt kann niemanden zufriedenstellen. Es ist möglich, ohne sexuelle Betätigung zu leben, aber es ist nicht möglich, ohne Liebe zu leben.

Und schon gar nicht ist es möglich, ohne die Anerkennung anderer zu leben. Mark Twain sagte einmal, daß er von einem ehrlich gemeinten Kompliment zwei Monate lang leben könnte. Ich erinnere mich an einen jungen Berliner Ingenieur, der sich nach einem Seminar mit den Worten bedankte: »Jetzt bist du eine Frau für uns alle, Ingrid.«

Eine Witwe, die gefragt wurde, ob sie noch einmal heiraten würde, antwortete lachend: »Mein Terminkalender ist voll und mein Kleiderschrank überfüllt – ich habe also weder Zeit noch Platz.« Später hat sie dann doch geheiratet. Gewiß ist eine zweite Ehe zu einem Zeitpunkt und mit einem Partner, den Gott ausgesucht hat, ein Zeugnis für den Bund der Ehe.

Aber es ist verkehrt, eine Tür zu öffnen, die Gott verschlossen hat.

Es gibt nur zwei Möglichkeiten: Entweder kann ich mich nicht leiden, oder ich habe gelernt, in Harmonie mit mir zu leben. Ich glaube, es ist eine große Hilfe für jede Alleinstehende, die eigenen fünf Sinne neu zu entdecken.

Die Haut – das größte Organ des menschlichen Körpers. Berührung ist wichtig. Auch wenn kein Mensch da ist, kann es schön sein, den Wind und den Regen zu fühlen, oder schwimmen zu gehen und sich vom Wasser tragen und liebkosen zu lassen. Ein warmes Bad tut auch gut.

Die Augen – wie schön war es, als mir meine Augen neu geöffnet wurden. Ein Hunger nach den berühmten Gemälden erwachte in mir. Wie befreiend war es für mich, selbst Farben zu mischen und auf Leinwand festzuhalten, was ich sah.

Der Geschmackssinn – ertappen wir uns manchmal dabei, aus der Bratpfanne zu essen? Essen ist mehr als nur Nahrungsaufnahme, um am Leben zu bleiben. Essen soll Freude bereiten. Auch wenn es uns gelegentlich unnötig erscheinen mag, den Tisch für uns alleine zu decken, so können wir doch ein Tablett zusammenstellen, mit dem guten Geschirr, einer Blume und einer passenden Serviette. Wir können Freunde zum Essen einladen, anstatt auf eine Einladung zu warten. In unseren eigenen vier Wänden brauchen wir uns nie als Außenseiter zu fühlen.

Das Gehör – was geben wir unseren Ohren zu essen: moderne Musik, Klassik, Lieder, Requiems? Als mich mein Sohn Stephen letztes Jahr besuchte, beschwerte er sich, weil er nur Requiems in meiner Plattensammlung fand. Er hatte recht. Ich hatte sie immer und immer wieder gehört, und sie haben meiner Seele Heilung gebracht. Aber nun war es Zeit für fröhlichere Musik.

Der Geruchssinn – ich liebe den zarten Duft der Pfingstrose und den Geruch gebackener Äpfel. Ich mag es, wie ein gestilltes Baby riecht, oder frische Bettwäsche oder gemahlener Kaffee.

Und trotzdem. Da ist immer noch eine Leere, wenn ich an Walter denke, an den rauhen Stoff seiner Jacke, den Geruch seines Rasierwassers, seine zärtlichen, empfindsamen Hände. Wie gerne würde ich ihn noch einmal von der Seite betrachten, sein Profil, seine hohe Stirn vor mir sehen! Ihn noch einmal Witze erzählen und lachen hören!

Es ist leicht zu sagen: »Jesus ist dein Mann, Ingrid.« Die Leere bleibt. Der Herr hat sie nicht einfach ausgefüllt, sondern mir geholfen, mit meinem Verlust zu leben. Er hat mir festen Boden unter die Füße gegeben, auf dem ich stehen kann, und von dem aus ich auch andere erreichen kann.

Anne Lindbergh drückte diesen Gedanken in ihrem Gedicht *Second sowing*, das sie zehn Jahre nach der Ermordung ihres Kindes schrieb, wunderbar aus:

Für wen
Die Milch in der Brust,
Wenn das Kind weg ist?

Für wen
Die im Herzen eingesperrte Liebe,
Die zurückgeblieben ist?

Jener goldene Ertrag,
Gewachsen auf umgepflügter Erde,
Stand im August in voller Reife
Auf dem Feld,
Wurde unter Schmerzen ausgedroschen
Auf Septemberboden.
Liegt nun in Scheunen hoch gestapelt,
Ein unfruchtbarer Vorrat.

Die verriegelte Tür reiß nieder;
Reiß die Säcke auf, verteile und leere
Die Getreidekörner auf den kahlen Boden
Wo immer sich ein Riß in der Scholle zeigt.

Es gibt keinen Herbst nur für das Herz;
Die Saat der Liebe muß
Ewig
Wieder gesät werden.

Ja, der Mensch braucht einen Ort, braucht die Bindung an einen Ort. Je weiter sein Horizont ist, um so größer ist auch dieses Bedürfnis. Abraham wird von Gott aufgefordert, seinen Heimatort zu verlassen, die überfeinerte, städtische Zivilisation von Chaldäa. Er nimmt das Nomadenleben seiner entfernten Vorfahren wieder auf. Gott verheißt ihm eine weltweite Bestimmung: Alle Völker sollen in ihm gesegnet werden; er wird der Vater der Gläubigen sein. Er bricht auf zum großen Abenteuer des Glaubens. Aber als er nach Kanaan kommt, ist seine erste Handlung, daß er ein Grundstück kauft, damit er einen Ort habe, wo er seine Frau begraben könne. Der Besitzer will es ihm schenken, aber Abraham beharrt darauf, es zu kaufen, um einen Ort zu besitzen, der wirklich ihm gehört.

Der Herd, die Heimstätte, ist ebenfalls der uralte Ort menschlicher Gemeinschaft, der Familien- und Stammesgemeinschaft, der Gesellschaft.

Deshalb empfange ich Menschen, die mich aufsuchen, um sich selbst besser erkennen und verstehen zu lernen, an der Kaminecke. In ihren Briefen erwähnen sie oft jenes Kaminfeuer, vor dem wir im Gespräch zusammensaßen. Für jeden Menschen ist das Feuer im Kamin etwas höchst Poesievolles, stark Symbolgeladenes: Es wärmt, es ist lebendig, es wird allmählich schwächer und flackert wieder auf, man muß es schüren, es fasziniert; es ist ein Mittelpunkt, eine leuchtende Stelle.

Paul Tournier
in »Geborgenheit«

10. Kapitel

Haus der Geborgenheit

Ich besitze eine alte, kupferbeschlagene Truhe, in die ich alle meine Habseligkeiten verpackte, als ich an meinem 23. Geburtstag von New York nach Paris reiste. Auf dem Deckel klebt immer noch der Gepäckschein der SS AMERICA. In den 18 Monaten, die ich im Quatier Latin in Paris verbrachte, um ein Diplom als Französischlehrerin zu erwerben, diente mir die Truhe als Frühstückstisch.

Mein nächstes Zuhause war im afrikanischen Busch. In der Truhe habe ich meine Photoalben, Tagebücher und mein Hochzeitskleid verstaut. Später legte ich Ziegelsteine darunter, nähte eine Decke, und benutzte sie als Wickeltisch für unser erstes Baby.

Nach zwölf Jahren in Afrika gingen wir nach Europa zurück. In der Truhe transportierten wir alles, was uns besonders wertvoll war: die wenigen Hochzeitsgeschenke, die überlebt hatten, unser Gästebuch, unser hölzerner Brotteller, einen afrikanischen Häuptlingsstuhl und die Bücher und Papiere, die von den Termiten verschont geblieben waren.

Wir waren auf der Suche nach einem »Platz« im Europa von heute. Mit unseren fünf Kindern schienen wir nicht zeitgemäß. Schließlich fanden wir in dem kleinen

Fertigbauhaus auf dem Lichtenberg in den österreichischen Bergen ein neues Zuhause. Unsere Nachbarn warnten uns, daß unser kleines Häuschen die schweren Winterstürme nicht überstehen würde, aber es blieb stehen. Es beherbergte und schützte uns. Es war, wie Manfred Hausmann schreibt: »In der Welt ein Haus und im Haus eine Welt.«

Der Traum fand ein abruptes Ende, als Walter starb. Die Familie schien Schiffbruch zu erleiden, und heute sind wir über die ganze Welt verteilt.

Ich beschloß, in das Land meiner Kindheit, in die Hügel der Ozarks nach Missouri zurückzukehren. Je mehr wir herumreisten und je länger ich in fremden Ländern wohnte, desto mehr zog es mich in meine Heimat zurück; etwas, das tiefer reicht als der Verstand, war am Werk.

Die Entscheidung wurde mir nicht leicht gemacht. Als ich meiner Tochter Katrine von meinen Gefühlen erzählte, schrieb sie mir: »Du denkst daran, ein Nest zu bauen auf einem Territorium, das für Dich in vielem so alt ist, wie es neu sein wird. . . . Mir wäre es lieber, wenn du dich mehr mit Menschen (im Besonderen mit Deiner Familie) verbunden fühltest als mit einem Ort.«

Meine Antwort: »Vor dreißig Jahren hätte ich Dir vielleicht zugestimmt. Menschen sind wichtiger als Plätze. Alles, was ich damals wollte, war, an Walters Seite zu stehen und die Geborgenheit, die ich bei ihm fand, an Euch und an andere weiterzugeben. Jetzt aber muß ich lernen, wieder alleine zu leben, und dazu brauche ich einen *Platz*. Nur wer selbst einen Platz hat, kann auch anderen ein Raum werden. Ich freue mich, daß Du

Dich auf dem Lichtenberg wohl gefühlt hast, und daß er Dir zu einem ›Platz‹ geworden ist.«

Ich zögerte lange, das Alte aufzugeben und neu zu beginnen. Ich vertraute dem Wort in Psalm 73,23-24: »Dennoch bleibe ich stets bei dir; denn du hältst mich bei meiner rechten Hand. Du leitest mich nach deinem Rat.«

Als ich an einem wunderschönen Julimorgen auf dem Lichtenberg aufwachte – die Sonne schien über die Berge, und der Nebel hatte sich in die Täler zurückgezogen – überkam mich die stille, innere Gewißheit, daß mich mein himmlischer Vater nach Springfield zurückführen wollte und daß er mir den Weg zeigen würde, Schritt für Schritt.

Zum ersten Mal erzählte ich meinen Geschwistern von meinen Plänen. Ich hatte die Möglichkeit, ganz in der Nähe von dem Haus, in dem ich mit meinen neun Geschwistern aufgewachsen war, ein Haus zu kaufen. Es gehörte meiner Volksschullehrerin. Das Gebäude war 1919 gebaut und für amerikanische Verhältnisse sehr alt, aber es machte einen soliden Eindruck und hatte Charakter. Mein Bruder John schrieb mir:

»Mögen die standfesten alten Steinmauern zu einem Heim werden, das kommenden Generationen Segen bringt.«

In Nigeria sagen die Leute, daß ein Grundstück nie einem Menschen alleine gehören kann, sondern nur einer großen Familie. Viele davon sind schon tot, wenige davon leben und die Mehrzahl davon sind noch gar nicht geboren. Bei meiner Suche nach einem Platz dachte ich vor allem an meine Enkelkinder.

Ich fühlte, daß meine Zeit in Europa zu Ende ging und daß etwas Neues auf mich wartete. Aber bevor es so weit war, mußte noch eine Menge Papierkram erledigt werden. Warum ist in Europa nur alles so bürokratisch organisiert? Jeder Gang zu den Behörden, jeder Besuch bei meinem Anwalt kosteten mich enorme Anstrengung. Ich kam mir vor wie eine Knospe, die vor Lebenskraft strotzt, die aber aus irgendeinem Grunde nicht aufblühen kann.

Es war, als hätte man mich in eine viel zu enge Schachtel gesperrt.

Ich besprach meine Entscheidung mit einer guten Freundin, einer Familientherapeutin in Zürich. Als ich mich verabschiedete, sagte sie mir: »Du bist anders, als ich dich je gesehen habe, Ingrid. Es ist, als ob eine neue Quelle in dir sprudelt. Du bist nicht mehr nur Walters Frau oder die Mutter seiner Kinder, sondern eine selbständige Person. Es ist in Ordnung, wenn du nach Missouri zurückgehst, aber tu es allmählich. Reiße die Brücken hinter dir nicht ab, du gehörst in beide Welten. Und erwarte nicht von deinen Kindern, daß auch sie sich dort niederlassen wollen.«

Meine jüngste Tochter war gerade zwanzig, damit waren alle meine Kinder im dritten Jahrzehnt ihres Lebens. Ich erinnere mich noch an das Jahr, in dem alle fünf Kinder Teenager waren. Es ist tröstlich zu wissen, daß nach dem Alter des Protestes das Alter der Veränderung kommt.

»Ich hoffe, du kannst diesen neuen Abschnitt in Deinem Leben mit frischer Kraft beginnen«, schrieb mir Ruth. »Ich glaube, daß Deine Entscheidung richtig ist.

Laß die alten Lasten zurück und genieße den Neuanfang. Ich bin mir sicher, viele Frauen werden Dich darum beneiden, einen neuen ›Platz‹ aufzubauen. Ich bin stolz auf meine Mutter. Jedes Mal, wenn ich Dich sehe, freue ich mich mehr über Dich, vor allem über Dein neu erworbenes Selbstvertrauen.« (Ich frage mich, ob junge Menschen überhaupt wissen, wie sehr sich ihre Eltern nach Bestätigung oder Dankbarkeit ihrer Kinder sehnen.)

Einmal mehr packe ich meine kupferbeschlagene Truhe. Diesmal sende ich sie von Salzburg in Österreich nach Springfield in Missouri. Ich habe die Kerzenhalter hineingepackt, die für mich ein Symbol für unser Zuhause am Lichtenberg waren, einige Vasen und Bilder, die Decke, die mir meine Großmutter gemacht hat, und meine Lieblingsbücher.

Als das Flugzeug in Frankfurt abhob und über den Wolken im hellen Sonnenschein nach Washington D.C. flog, las ich einen Brief, den John Steinbeck der Witwe seines Verlegers schrieb: »Ich weiß, daß man sich abgeschnitten und einsam vorkommt, bevor man einen Faden nimmt, eine Schnur einholt und schließlich an einem Seil zieht, das zurück zum Leben führt. . . . Wie wirkungsvoll das Leben eines Mannes war, kann daran gemessen werden, wie tief die Wunden sind, die er bei anderen zurückläßt.«

»Gott wird dir helfen, das zu erfüllen, was du in Glauben und Mut begonnen hast«, schrieb ich in mein Tagebuch. »Endlich glaube ich zu wissen, wer ich bin. Ich bin ein Kind Gottes, eine Tochter des himmlischen Vaters. Eine Witwe, die um ihren geliebten Partner trauert. Ich bin eine Mutter, eine Großmutter, eine Tochter, eine Schwester meiner Brüder und Schwestern, eine Tante meiner Neffen und Nichten. Ich bin eine Freundin, ich bin Schriftstellerin und habe damit einen Beruf, der mir große Freude macht. Ich male gerne, schwimme gerne und liebe Spaziergänge. Ich freue mich darauf, wieder ein Gastgeber sein zu können. Ich will lernen, ehrlich zu sein, und mich nicht vor Konflikten zu drücken, sondern mich ihnen zu stellen.

Nicht in den Bergen fühle ich mich wohl, auch nicht am Meer, aber ich liebe Bäume, Felsen und alte Hügel, von Quellen und Höhlen ganz zu schweigen, die es in den Ozarks massenweise gibt.«

Mein Flugzeug landete in Washington, D.C. »Ich nehme Herausforderungen gerne an«, sagte Katrine, nachdem sie sich erfolgreich durch den Stoßverkehr gekämpft hatte, um mich mit ihren drei Kindern am Flughafen abzuholen. Katrine und David waren in Washington, weil sich David auf eine neue Aufgabe an der amerikanischen Botschaft in Bukarest, Rumänien, vorbereitete. Der sechs Wochen alte James lag sicher in dem Tragetuch um Katrines Hals, Christine und Virginia schoben den Kindersportwagen, in dem ich mein Handgepäck verstaute. Ich bin stolz auf meine Tochter und alle jungen Mütter wie sie, die an neues Leben glauben. Welche Harmonie liegt in all dem, was sie und ihr Mann tun. Ich selbst schlief in den ersten Nächten in ihrem Heim wie ein Kind.

Da Katrine und David bald zu ihrer neuen Arbeitsstelle aufbrachen, fragte ich sie, ob sie mir nicht ihr Auto verkaufen würden. Es handelte sich dabei um einen alten Chrysler, groß genug, um darin Tennis zu spielen, wie einer meiner Söhne behauptete. Jedenfalls brachte ich mein Reisegepäck und alles, was ich per Luftfracht nach Washington geschickt hatte, bequem darin unter.

An einem Frühlingstag Ende April sagte ich Katrine und David auf Wiedersehen, stieg in »mein« Auto und fuhr los. Ich weiß: Mut heißt nicht, keine Angst zu haben, sondern etwas tun, auch wenn man Angst hat. Und obwohl gewiß viele Freunde und meine Familie an diesem Tag an mich dachten und für mich beteten – den Schlüssel im Zündschloß drehen und die richtigen Auffahrten und Abfahrten finden – das mußte ich schon selbst tun.

Drei Tage brauchte ich, bis ich in den Ozarks ankam. Irgendwann am zweiten Tag, als ich auf dem Highway in Kentucky unterwegs war, erwachte in mir ein Gefühl von Freiheit und anspornender Neugierde, wie man sie manchmal vor einem großen Abenteuer empfindet. Es war mir, als ob die Schachtel, in die ich mich eingesperrt fühlte, mit einem Male barst und ich plötzlich wieder frei durchatmen konnte. Ich war wie neugeboren.

Am Wahrzeichen von St. Louis, dem großen Bogen, den man das Tor zum Westen nennt, hielt ich an. Die letzten Strahlen der untergehenden Sonne spiegelten sich auf dem blanken Stahl des riesigen Monumentes. Ein finnischer Architekt hatte es entworfen, und es sollte die Durchhaltekraft der ersten Pioniere symbolisieren, die hier nicht stehen geblieben waren, sondern nach Westen weiterzogen. Das Mondlicht spiegelte sich im Missisippi. Ich ging die Treppen hoch zu dem Bogen, und mit jedem Schritt kam ich meinem Ziel näher. Leben, das heißt für mich nicht stehenbleiben, sondern immer weitergehen. Es gibt viele offenen Türen, aber ich muß nicht durch alle gehen, nur durch die, die Gott für mich ausgesucht hat.

Ich war auf meinem Weg nach Hause, dorthin, wo meine Wurzeln sind. Die Schriftstellerin Willa Cather behauptet, daß man seine Wurzeln dort hat, wo man seine Kindheit verbrachte, vor allem zwischen dem 7. und dem 14. Lebensjahr. Für mich war das in der Nähe von Springfield, Missouri. In den vielen Jahren, die ich in Europa und Afrika gelebt habe, sind für mich die sanften Hügel der Ozarks die Mitte der Welt geblieben. Und auf meinen Reisen habe ich Entfernungen daran gemessen, wie weit ich von meiner Heimat entfernt bin.

Ich bin zu Hause. Er hat meinen Eingang und Ausgang bewahrt, wie er es in Psalm 121 verspricht. Und er hat mich an einen »weiten Platz« geführt. Ich fühle mich sicher und geborgen in den Mauern aus unbehauenem Stein. Vor den Fenstern meines Hauses wächst eine knorrige Eiche, sie soll über 250 Jahre alt sein. Auch eine Linde und Ahornbäume sind auf dem Grundstück. Jeder Baum erinnert mich daran, daß ich jetzt Geduld haben muß mit mir selbst, damit meine Wurzeln Halt finden in der neuen Erde.

Meine treuen Freunde, die Getahuns, schreiben:»Du schlägst jetzt neue Wurzeln. Sei geduldig. Denke an das Versprechen in Jeremia 24,6: ›Ich will sie (Ingrid) gnädig ansehen und sie wieder in dies Land bringen und will sie aufbauen und nicht verderben, ich will sie pflanzen und nicht ausreißen.‹«

Das erinnert mich an die Geschichte eines einsamen Wanderers in der Wüste: Dieser Wanderer war ein verbitterter Mensch. Er haßte alles, was jung und schön war. Als er eines Tages an den Rand einer Oase kam, sah er eine junge Palme, die aufrecht und schön gewachsen war. Dieser Anblick verärgerte ihn, und er beschloß, einen schweren Stein an die Krone des Bäumchens zu binden, damit es schief wachse und vielleicht daran zugrunde gehe.

Der Stein war zu schwer, als daß das Bäumchen ihn hätte abschütteln können. Es versuchte es immer und immer wieder. Und je mehr es sich bemühte, desto tiefer reichten seine Wurzeln in die Erde. Die Wurzeln wuchsen so tief hinunter, daß sie eines Tages den Grundwasserspiegel der Oase erreichten. Und trotz der Last des schweren Steines wurde die Palme kräftig und wuchs aufrecht.

Als der einsame Wanderer wieder seines Weges kam, wollte er sehen, ob das Bäumchen schon eingegangen war. Doch stattdessen beugte sich die hochgewachsene Palme ein wenig zu ihm herunter, zeigte ihm den Stein und sagte: »Ich muß dir danken, du hast mich stark gemacht.«

So ist es in unserem Leben. Dieser schwere Stein, der unser Leben bedroht, kann eine schwere Last sein, die unsere Wurzeln in die Tiefe treibt und das lebendige Wasser finden läßt.

NACHWORT

Ich arbeitete gerade an den letzten Seiten dieses Manuskriptes, als ich in einen Autounfall verwickelt wurde. Die Straße führte über einen steilen Hügel. Hinter der Kuppe stand ein kleiner roter Wagen mitten auf der Straße. Rechts führte eine steile Böschung den Abhang hinunter, und links kamen mir Fahrzeuge entgegen. Ich trat auf die Bremse und fuhr auf den Wagen auf.

Glücklicherweise war keiner meiner vier Fahrgäste verletzt, und auch das ältere Ehepaar in dem roten Wagen kam mit dem Schrecken davon. Doch mir hatte der Sicherheitsgurt das Brustbein gebrochen, und ich wurde eilig ins Krankenhaus gebracht.

Es dauerte mehrere Wochen, bis ich wieder genesen war. Während der ersten Tage litt ich unter heftigen Schmerzen. Ich hatte das Gefühl, daß sich die Lungen und das Herz nicht mehr am gewohnten Platz befanden, und ohne fremde Hilfe konnte ich mich nicht bewegen.

Im Nachhinein empfinde ich diesen Unfall wie ein kleineres Abbild des lebensverändernden Schlages, den ich fünf Jahre zuvor erlebt hatte.

Walter und ich waren so dankbar, daß wir den steilen Hügel erklommen hatten, als wir von unserer Weltreise zurückkehrten. Und dann, gerade als wir die Kuppe des Hügels erreichten, setzte sein Herz aus.

Die ganze Welt blieb für mich an jenem Tag stehen. Ich mußte lernen, wieder allein zu gehen. Es waren dieselben Regeln wie nach dem Unfall, die mir wichtig geworden waren: So wie ich im Krankenhaus auf die Ärzte und Krankenschwestern angewiesen war, so war ich von dem »Kreis der Liebenden« – meiner Familie und den Freunden, die sich für mich Zeit nahmen – abhängig gewesen, vor allem in den ersten Stadien der Trauer, in denen ich noch nicht alleine gehen konnte.

Aber wenn die Trauer vorüber ist – was dann? Wie weiterleben? Walters Tod hat mich gelehrt, daß keiner unbegrenzt Zeit hat. Nun hat Gott mich an diese Wahrheit noch einmal erinnert. Das Leben hat keine Garantie. Nichts ist selbstverständlich.

Wenn ich etwas zu tun habe, dann tue ich es. Es ist wichtig, die anfallende Arbeit zu erledigen und sich doch nicht von ihr unter Druck setzen zu lassen. Ich möchte das Leben im Augenblick genießen. Wenn ich atemlos herumlaufe, versäume ich vielleicht gerade die Blüte, die der Nachmittag des Lebens beschert. Nur wer allein leben kann, kann auch mit anderen leben. »Heimat ist in dir innen oder nirgends«, sagte Herrmann Hesse.

»Ich kenne meine Pläne, die ich für euch habe, Pläne des Heils nicht des Unheils; denn ich will euch eine Zukunft und eine Hoffnung geben« (Jeremia 29,11). Ein Teil dieser Zukunft und der Hoffnung sind die vier Enkelsöhne, die mir Gott seit dem Tod meines Mannes geschenkt hat. Jedes erinnert mich auf eine andere Weise an ihren Großvater Walter Trobisch – schelmische, blaue Augen, das Grübchen am Kinn, die innere Ausgeglichenheit. Das Leben geht im Leben meiner Kinder und Enkel weiter, und ich bin dankbar.

Aber das ist nicht alles.

Martin Luther hat gesagt: »Unser Leben ist eine Kette von Anfechtungen. Meine Nachtkriege sind schwerer als meine Tagkriege.« Auch ich habe gelernt, nicht mit meiner eigenen Dunkelheit zu kämpfen, sondern mich von ihr ab- und mich dem Lichte zuzuwenden.

Mein Körper und meine Seele sind der Tempel des Heiligen Geistes. Es ist sein Wille, daß mein Leben die Strahlen seiner Liebe widerspiegelt und mein ganzes Wesen in seinem Frieden ruht. Erst dann bin ich fähig, wieder alleine zu leben.

Ingrid Trobisch

Mit Freuden Frau sein, I

. . . und was der Mann dazu tun kann

136 Seiten, mit 12 Abbildungen, Paperback, ABCteam Bd. 10

Ingrid Trobisch ermutigt zum bewußten Erleben der eigenen Geschlechtlich-
keit. Sie warnt davor, diesen Bereich zu verdrängen oder zu verabsolutieren.
  Im Gegenüber zum Mann soll die Frau entsprechend Gottes Schöpfungs-
ordnung ihr Frausein entfalten. Nur so kann sie dem Mann sein, was sie sein
soll: die von ihm gesuchte Ergänzung, seine Gehilfin. Sexuelles Erleben,
Fruchtbarkeit und Empfängnisregelung, Schwangerschaft, Geburt und Stillen, Wechseljahre und Reife – alle diese Bereiche der Frau bedingen einander,
wirken aufeinander ein und lassen sich nicht voneinander trennen. Die Auto-
rin stützt sich dabei auf Erkenntnisse von Experten, auf ihre eigene Erfahrung als Frau und Mutter von fünf Kindern und auf Begegnungen und Ge-
spräche mit vielen Ehepaaren und Menschen aus verschiedenen Erdteilen und
Kulturen.

Ingrid Trobisch und Elisabeth Rötzer

Mit Freuden Frau sein, II

Fragen und Antworten um das Geheimnis der Fruchtbarkeit

136 Seiten, 40 Grafiken, Paperback, ABCteam Bd. C 132

Umgang mit Zyklus und Fruchtbarkeit – über dieses zweite Kapitel ihres Buches »Mit Freuden Frau sein« hat Ingrid Trobisch die meisten Leserbriefe erhalten. Aus den Briefen ging soviel Ratlosigkeit, aber auch eine solche Bereit-
schaft, die Wunder des eigenen Körpers zu entdecken, hervor, daß dieser
zweite Teil mit den Anfragen und Beobachtungen der Leserinnen und den
Antworten Dr. Rötzers und Ingrid Trobischs notwendig folgen mußte. An-
gesprochen sind hier wieder Frauen und Männer, junge Mädchen, Frauen im
Klimakterium, Verlobte und Eheleute jeden Alters.

R. BROCKHAUS VERLAG WUPPERTAL